JN436874

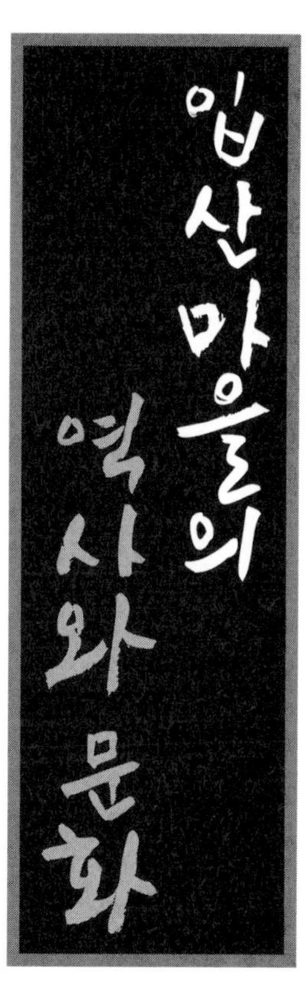
입산마을의
역사와 문화

先人

# 입산마을의 역사와 문화

초판 1쇄 발행 2008년 3월 4일

지 음 ‖ 김준형 · 김강식 · 신은제 공저
만든이 ‖ 의령문화원
펴낸이 ‖ 윤관백
편 집 ‖ 김지학
표 지 ‖ 김지학
펴낸곳 ‖ 선인
인 쇄 ‖ 한성인쇄
제 본 ‖ 바다제책
등 록 ‖ 제5-77호(1998. 11. 4)
주 소 ‖ 서울시 마포구 마포동 324-1 곶마루B/D 1층
전 화 ‖ 02)718-6252
팩 스 ‖ 02)718-6253
E-mail ‖ sunin72@chol.com

정가 ‖ 11,000원
ISBN 978-89-5933-113-0 93900

# 입산마을의 역사와 문화

의령군의 동북쪽 방개산 기슭에 자리잡은 입산마을에는 탐진안씨가 대대로 집성촌을 이루면서 살아 왔다. 이곳에서는 역대로 많은 유명 인물들이 배출되었다.

입산마을의 안씨들은 칠정려각(七旌閭閣)과 임진왜란 당시 지헌(止軒) 안기종(安起宗)의 의병활동 등으로 상징되는 선조의 효와 충의 행적을 이어받으며 앞장서서 실천하는 전통을 면면히 이어 왔다. 조선왕조 후반기에는 침체된 남명학파(南冥學派)의 맥을 살리기 위해 노력한 의암(宜菴) 안덕문(安德文)을 비롯해 주위에서 추앙받던 덕망 있는 유학자들이 많이 배출되었다.

구한말 일제강점기에 들어와서도 이 마을에서는 일제의 침략에 저항하거나, 우리 사회의 새로운 변화를 위해 자신을 희생했던 유명 인물들이 많이 배출되었다. 수파(守坡) 안효제(安孝濟), 송은(松隱) 안창제(安昌濟), 백산(白山) 안희제(安熙濟), 안균(安均) 등이 그들이며, 이 외에도 거론될 수 있는 중요 인물들은 셀 수 없이 많다.

지금은 사회가 변화하고 많은 사람들이 도회지로 떠나버려 옛날의 번성했던 모습이나 전통은 점차 사라지고 있다. 그러나 옛날의 탐진안씨들이 살아 왔던 행적과 문화적 전통은 현재까지 남아 있는 적지 않은 고가(古家)나 이 마을 주민들이 간직한 문적이나 민속행사 등에 그대로 이어지고 있다.

2007년 입산마을이 '문화역사마을'로 선정된 후, 역사문화마을 가꾸기 사업을 위한 기본 계획을 수립하는 과정에 도움이 될 수 있도록 먼저 입산마을지가 만들어져야 한다는 의견이 제시되었다. 이에 의령문화원에서는 마을지 편찬을 부경역사연구소에 의뢰했고, 연구소는 다시 김준형, 김강식, 신은제 등을 필진으로 구성하여 곧 편찬을 위한 작업에 착수했다. 그러나 마을 가꾸기 사업계획과 관련된 논의 과정이 지연되어 본격적인 마을지 편찬작업은 지연되었다.

그리하여 도중에 역사문화마을 가꾸기 사업과는 별도로 마을지를 만드는 것으로 계획이 수정되었다. 즉 마을 가꾸기 사업에 도움을 주기 위해 임시 책자를 만들어 내는 대신에 시기를 늦추어 공식적인 마을지 편찬에 전념하기로 하였던 것이다. 이 책자의 발간이 예상보다 늦어진 것도 이런 이유 때문이다.

오랜 기간 필자들은 마을을 방문해 여러 주민들과 대화도 나누고 문적이나 마을의 상황에 대한 조사를 진행하여, 입산마을에 대한 여러 가지 사항을 담은 마을지를 만들려고 노력하였다. 그러나 필자들의 능력이나 조사가 미진한 점 때문에 일부 아쉬운 부분이 남아 있다고 생각한다.

아무튼 입산마을의 주민이나 고향을 떠나 다른 곳에 사는 안씨 문중의 분들, 그리고 이 마을을 찾는 외지의 분들에게 이 마을지가 조금이라도 도움이 되었으면 한다. 같이 고생하신 김강식, 신은제 선생, 그리고 이 마을지를 만드는 데 많은 조언과 자료제공을 해 주신 이귀원 선생, 안상찬, 안명달, 안찬달 어르신 등에게 감사를 드린다. 특히 안상찬 선생은 직접 입산의 민속을 조사해 여러 모로 많은 도움을 주었다.

2008. 2. 14. 필자를 대표하여 김준형 씀.

# 차 례

# I 입산 마을의 환경과 경관

# 입산마을의 환경과 경관

## 1. 위치 및 주변 현황

의령군은 경상남도의 중심부인 동경 128도 7분~26분, 북위 35도 15분~31분에 위치하고 있다. 낙동강의 본류와 남강이 합류하는 지대에 자리잡고 있어 강을 접한 남쪽에는 비교적 비옥한 들판이 펼쳐져 있다. 의령은 동서로 길게 뻗은 형국을 하고 있는데 서북부에는 해발 897미터의 자굴산이, 동북부에는 698미터의 국사봉이 우뚝 솟아 있다. 남쪽으로는 남강을 사이에 두고 함안군과 진주시와 이웃하고 있고 서쪽으로는 산청군, 북쪽으로는 합천군과, 동쪽으로는 낙동강을 경계로 창녕군과 접하고 있다.

| 마을 전경

입산마을은 의령군 동북쪽에 위치한 부림면 소재지에서 남쪽으로 약 4킬로쯤 떨어져 있으며 유곡천이 경산, 구산, 입산 등지를 가로 지르며 흐른다. 입산마을은 남쪽으로 장백산이 앞편으로는 유곡천이 흐르고 있는 전형적인 배산임수의 지형에 위치해 있다. 유곡천은 강물이 북쪽으로 흘러가는 역수라 이 천에 연해 있는 지역들에서는 역적 아니면 충신이 날 것이라는 풍수지리설이 있다. 그래서인지 몰라도, 큰 족적을 남긴 안효제, 안창제, 안희제 등의 인물들이 이곳에서 많이 배출되었다.

## 2. 인구 현황

의령은 19세기 말까지만 하더라도 경상남도에서 다섯 번째로 인구가 많은 군 가운데 하나였다. 하지만 일제시기로 접어들면서 상황은 바뀌었다. 1925년과 1930년 경상남도 다른 부 · 군의 인구가 증가한 반면 합천 · 산청 · 의령지역은 5년 동안 인구가 감소해 간 것이다. 1925년 의령군의 인구는 모두 78,604명 이었던 것이 1930년에는 77,146명으로 감소하였다.

다만 모든 면에서 인구감소가 일어난 것은 아니었는데, 군청이 있던 의령읍과 낙동강을 끼고 상업이 발달한 부림면의 인구는 증가해 갔다. 부림면의 경우 1925년 당시 8,237명 이었던 인구가 1930년에는 8,525명으로 증가한다. 이는 농촌지대 인구는 감소하고 행정중심지와 상업지대의 인구가 증가해 갔던 식민지 시대 인구이동의 추이를 잘 보여주는 현상이다.

하지만 부림면의 인구가 지속적으로 증가한 것은 아니었다. 동아일보 1935년 6월 4일자 기사에 따르면 부림면의 인구수는 8,512명이었는데, 이를 통해 1930년 이후까지 부림면의 인구증가가 지속되지 않았음을 확인할 수 있다.

한편 부림면의 인구의 집중은, 일제시기 부림면 소재지가 있는 신반리가 일찍부터 제지업이 발달해 있었던 데다 교통의 중심지로 상업이 발달한 곳이라는 사실에 기인하였다. 일제시기부터 신반장은 그 규모를 인근에 자랑했는데, 이는 낙동강과 신반천의 수운에 힘입은 바가 크다. 당시 상인들의 배는 낙동강의 지류인 신반천을 따라 지금의 신반리 배나무진까지 들어왔고 그 곳을 중심으로 상업이 성행했다고 한다.

이러한 사정을 고려한다면, 신반천과 거리가 먼 입산의 인구가 신반의 인구증가와 더불어 증가하였을 가능성은 상대적으로 낮다. 따라서 입산의 경우 인구의 자연적 증가를 제외한 상대적 인구증가를 상정하기는 어렵다. 이는 입산에 거주하는 주민 절대다수가 여전히 안씨라는 사정을 고려하면 쉽게 확인할 수 있다.

한편 해방 후 입산의 인구추이는 어떠했을까? 안타깝게도 현재까지 이를 직접적으로 확인할 수 있는 자료는 없다. 따라서 다소 우회적인 접근만이 허락된다. 1962년부터 1992년까지 의령군의 인구추이는 아래의 표와 같다.

‖ 표1 의령군 인구 추이 ‖

| 연도 | 가구수 | 인구수 | | | 가구당 인구수 | 인구 증감 |
|---|---|---|---|---|---|---|
| | | 계 | 남 | 녀 | | |
| 1962 | 17,686 | 102,313 | 51,364 | 50,949 | 5.8 | |
| 1963 | 18,113 | 106,040 | 53,191 | 51,849 | 5.9 | △3,727 |
| 1964 | 18,123 | 106,669 | 53,728 | 52,941 | 5.9 | △699 |
| 1965 | 18,122 | 107,208 | 53,840 | 53,368 | 5.7 | △509 |
| 1966 | 18,249 | 104,753 | 52,492 | 52,261 | 5.7 | ▽2,455 |
| 1967 | 17,732 | 104,229 | 52,033 | 52,196 | 5.8 | ▽524 |
| 1968 | 17,243 | 100,649 | 50,378 | 50,271 | 5.8 | ▽3,580 |
| 1969 | 17,243 | 100,649 | 50,378 | 50,271 | 5.8 | 0 |
| 1970 | 17,052 | 91,678 | 44,689 | 46,989 | 5.4 | ▽8,971 |
| 1971 | 16,041 | 91,131 | 45,305 | 45,826 | 5.7 | ▽547 |

| 1972 | 15,818 | 91,448 | 45,662 | 45,786 | 5.8 | △317 |
|---|---|---|---|---|---|---|
| 1973 | 15,780 | 89,664 | 44,673 | 44,991 | 5.7 | ▽1,784 |
| 1974 | 15,573 | 88,170 | 43,950 | 44,220 | 5.7 | ▽1,494 |
| 1975 | 16,117 | 84,224 | 42,288 | 41,936 | 5.2 | ▽3,946 |
| 1976 | 15,698 | 81,612 | 40,777 | 40,835 | 5.2 | ▽2,612 |
| 1977 | 15,282 | 77,859 | 38,729 | 39,130 | 5.1 | ▽3,754 |
| 1978 | 14,975 | 73,035 | 36,042 | 36.993 | 4.9 | ▽4,824 |
| 1979 | 14,519 | 71,038 | 34,694 | 36,344 | 4.9 | ▽1,997 |
| 1980 | 14,456 | 64,145 | 31,813 | 32,332 | 4.4 | ▽6,893 |
| 1981 | 14,104 | 63,163 | 31,289 | 31,874 | 4.5 | ▽1,009 |
| 1982 | 14,025 | 62,621 | 31,212 | 31,409 | 4.5 | ▽515 |
| 1983 | 13,995 | 61,627 | 30,774 | 30,853 | 4.4 | ▽994 |
| 1984 | 13,750 | 59,372 | 29,509 | 29,863 | 4.3 | ▽2,255 |
| 1985 | 13,962 | 55,763 | 27,677 | 28,086 | 4.0 | ▽3,609 |
| 1986 | 13,554 | 53,179 | 26,122 | 27,057 | 3.9 | ▽2,557 |
| 1987 | 13,395 | 52,162 | 25,590 | 26,572 | 3.9 | ▽1,017 |
| 1988 | 13,247 | 51,682 | 25,421 | 26,261 | 3.9 | ▽480 |
| 1989 | 13,068 | 51,446 | 25,207 | 26,239 | 3.9 | ▽236 |
| 1990 | 13,218 | 48,985 | 24,259 | 24,726 | 3.7 | ▽2,461 |
| 1991 | 12,836 | 44,245 | 21,622 | 22,623 | 3.4 | ▽4,740 |
| 1992 | 13,089 | 42,716 | 20,814 | 21,902 | 3.3 | ▽1,529 |

의령군 『통계연보』에서 추출(△인구증가, ▽인구감소)의령군 통계연보

위 표에서 1962년부터 1992년까지 의령군의 인구추이를 확인할 수 있다. 의령군의 인구는 62년부터 1965년까지 증가하다가 1966년부터 감소하기 시작했다. 66년부터 시작된 의령군 인구는 1972년을 제외하면 지속적으로 감소하였다. 특히 1969년부터 1970년 사이에 8,971명, 1979년에서 1980년에는 6,893명, 1990년에서 1991년에는 4,740명의 인구가 감소했다.

인구추이에서 주목되는 것은 74년과 75년을 기점으로 한 가구당 인구수의 변화이다. 74년 이전 급격한 인구이동에도 불구하고 가구

당 인구수는 5~6명대를 유지하고 있었다. 이러한 추이는 74년 이전까지의 인구이동이 주로 가구전체 구성원의 이동이었음을 확인시켜 준다. 이에 반해 75년 이후 인구의 이동은 가구당 인구수의 감소를 수반하고 있었다. 인구감소와 더불어 가구당 인구수도 지속적으로 감소해 1992년에는 가구당 인구수가 3.3명에 불과했다. 75년 이후 나타난 인구감소와 가구당 인구수의 감소 현상은 취업, 교육 등의 이유로 젊은 층들이 농촌을 빠져 나가고 있음을 확인시켜 준다. 이러한 인구변동의 결과가 지금의 노령화된 농촌이었다.

의령군 전체의 인구추이를 바탕으로 부림면의 인구추이를 살펴보자. 의령군 『통계년보』를 바탕으로 작성한 60~70년대 부림면의 인구추이는 아래 표와 같다.

‖ 표2 부림면 인구 추이 ‖

| 연도 | 총계 | 남 | 녀 | 의령군 인구비 |
|---|---|---|---|---|
| 1959 | 10,860 | 5,391 | 5,496 | ? |
| 1960 | 10,806 | 5,594 | 5,806 | ? |
| 1961 | 11,517 | 5,686 | 5,831 | ? |
| 1962 | 11,783 | 5,909 | 5,874 | 11.52% |
| 1963 | 12,461 | 6,262 | 6,199 | 11.75% |
| 1964 | 12,304 | 6,191 | 6,113 | 11.53% |
| 1968 | 12,173 | 6,013 | 6,160 | 12.09% |
| 1969 | 12,173 | 6,013 | 6,160 | 12.09% |
| 1970 | 11,111 | 5,349 | 5,762 | 12.12% |
| 1971 | 10,849 | 5,328 | 5,521 | 11.90% |
| 1972 | 10,994 | 5,428 | 5,566 | 12.02% |
| 1980 | 9,640 | 4,626 | 4,834 | 15.02% |
| 1984 | 8,159 | 4,026 | 4,133 | 13.74% |
| 2002 | 4,012 | 1,887 | 2,125 | 12.15% |

위 표는 부림면의 인구추이와 부림면의 인구가 전체 의령군에서

차지하는 비율을 정리한 것이다. 1960년대까지 부림면의 인구가 전체 의령군에서 차지하는 비율은 약 11.5%정도 였다가 60년대 말로 접어들면서 12%대로 소폭 상승하였고 80년대로 접어들면서 15%까지 상승하다 다시 2000년대 들어 다시 12%로 감소하였다. 이러한 인구추이는 전체적으로는 부림면에서도 인구감소가 진행되었지만, 의령군에 비해 그 감소규모가 작았음을 확인시켜 준다.

부림면의 인구추이와 관련하여 주목되는 점은 일제시기와 같이 부림면의 인구가 해방이후에도 신반리에 집중되었는가의 여부이다. 아래의 표는 그러한 추세가 변화하지 않았음을 잘 보여준다.

‖ 표3 부림면 인구 현황 (1985년) ‖

| 행정구역 | 마을명 | 호구 | 인구수 | | |
|---|---|---|---|---|---|
| | | | 계 | 남 | 녀 |
| 신반리 | 서동1구 | 54 | 247 | 123 | 124 |
| | 서동2구 | 68 | 265 | 133 | 132 |
| | 대문동 | 73 | 321 | 164 | 157 |
| | 중동 | 183 | 817 | 401 | 416 |
| | 현동 | 241 | 1,282 | 639 | 643 |
| | 동동 | 173 | 717 | 331 | 386 |
| 막곡리 | 막곡 | 65 | 284 | 143 | 141 |
| **입산리** | **입산** | **62** | **232** | **120** | **112** |
| 경산리 | 경산 | 58 | 236 | 118 | 118 |
| | 박진 | 24 | 95 | 47 | 48 |
| 손오리 | 구산 | 36 | 116 | 61 | 55 |
| | 난동 | 23 | 100 | 50 | 50 |
| | 손오 | 37 | 177 | 96 | 81 |
| 단원리 | 율리 | 34 | 144 | 74 | 70 |
| | 단원 | 52 | 204 | 93 | 111 |
| | 수축 | 39 | 173 | 81 | 92 |
| 대곡리 | 오소 | 73 | 320 | 157 | 163 |
| | 대곡 | 78 | 323 | 159 | 164 |
| 여배리 | 하여 | 82 | 388 | 195 | 193 |

| | 상여 | 41 | 178 | 88 | 90 |
|---|---|---|---|---|---|
| 익구리 | 익구 | 50 | 251 | 122 | 129 |
| | 구월 | 45 | 231 | 108 | 123 |
| 감암리 | 옥동 | 61 | 294 | 146 | 148 |
| | 감암 | 66 | 309 | 150 | 159 |
| 권혜리 | 상권 | 29 | 138 | 70 | 68 |
| | 중권 | 24 | 115 | 54 | 61 |
| | 하권 | 27 | 117 | 58 | 59 |
| 묵방리 | 묵방 | 21 | 85 | 45 | 40 |
| 계 | | 1,819 | 8,159 | 4,026 | 4,133 |



위 표에서 확인할 수 있듯이 1985년 당시 부림면의 전체 인구 중 44.7%에 달하는 3,649명이 신반리에 거주하고 있었다. 이는 일제시대의 인구추이처럼 해방이후에도 부림면의 다수인구가 신반리에 거주하고 있음을 확인시켜 준다. 한편 부림면 각 마을의 인구와 관련하여 주목되는 것은 입산리의 인구이다. 1985년, 2002년, 2006년의 부림면 인구와 입산리의 인구를 비교해 보면 입산리의 인구와 전체 부림면 인구추계와의 관계를 확인할 수 있을 것이다.

‖ 표4 부림면과 입산리의 인구 추이 ‖

| 연도 | 부림 | 입산 | 비율(%) |
|---|---|---|---|
| 1985 | 8,159 | 232 | 2.84 |
| 2002 | 4,092 | 91 | 2.22 |
| 2006 | 3,771 | 90 | 2.39 |

1985년 부림면의 인구는 8,159명이었고 입산리의 인구는 232명이었으므로 입산리는 부림면 인구가운데 2.8%정도를 차지했으나 2002년에는 2.2%로 감소하다 2006년에는 다시 소폭 상승했다. 이러한 추세는 부림면에 비해 입산리의 인구감소가 상대적으로 컸음을 보여준다.

이상에서 의령군, 부림면, 입산리의 인구추이를 개략적으로 검토하였다. 의령군의 인구는 60년대에서 90년대까지 지속적으로 감소하였고 이는 부림면에서도 마찬가지였다. 다만 부림면은 미세한 정도 의령군 전체보다 인구의 감소가 더뎠음을 확인할 수 있다. 한편 입산리의 경우 부림면보다 다소 빠르게 인구가 감소했던 것으로 보인다.

## 3. 자연환경과 식생

의령군은 온대몬순기후로 겨울철에 시베리아와 몽고에 자리 잡은 한랭 건조한 대륙성 기단에서 발생하는 북서계절풍과 여름철 북태평양에 위치한 고온 다습한 해양성 열대 기단에서 불어오는 낙동계절풍의 영향을 강하게 받고 있다. 의령군의 연평군 기온은 12.9℃인데 우리나라 전체 연평균 기온이 대략 6~16.6℃로 분포하고 있다는 사실을 고려해 보면, 비교적 한반도에서 비교적 온난한 지역임을 알 수 있다. 강수량은 주로 하계에 집중되어 있으며 저지대의 경우 홍수로 인한 범람의 피해가 컸고 특히 남강이나 낙동강이 범람하면 큰 피해를 입었다.

1966년 남강댐이 건설된 이후 호우가 내리면 댐에서 일제히 물을 방류하여 1980년대 말까지 그 피해가 적지 않았다고 한다. 한편 유곡천과 신반천 역시 수해의 진원지 였다. 낙동강이 역류하면 이들 하천 주변 마을들은 적지 않은 피해를 입었다.

입산마을은 산을 등지고 위치하고 있는데, 입산마을의 경사도는 0~0.2%가 33.8%로 가장 많고, 2~7%가 6.6%, 30~60%가 19.4%, 60~100%가 33.7%를 차지한다. 즉 마을은 평지이거나 가파른 산악지대로 구성되어 있으며 완반한 구릉이나 능선이 없다. 이러한 자연조건 때문에 마을에서 과수농업은 발전하지 못했다.

입산마을은 임지가 49.2%, 논이 30.3%, 물이 8.2%, 밭이 4.1%

로 구성되어 있다. 임지와 논이 전체 이용토지가운데 79%를 차지하여 대부분이 산이 아니면 논으로 구성되어 있다. 분포지형으로는 산악지형이 53.1%, 내륙평탄 지형이 25.5%, 선상지/곡간지가 7.6%를 차지하고 있으며 산악지형 가운데에는 마을 뒷산인 장백산이 그 대부분을 차지한다.

논 가운데 1급지는 68.3%, 2급지는 7%, 3급지는 24.7%를 차지해 비교적 비옥한 논이 많다. 한편 입산마을의 주농업이 미곡이기 때문에 마을에는 수로가 발달해 있다. 수로는 고산재에서 흐르는 물길과 마을 입구 신반 쪽에서 흐르는 물길, 자양동 시내에서 흐르는 작은 물길이 있다. 대부분의 수로는 농업용수로 이용되고 있으며 각각의 물길은 유곡천에서 합류한다.

한편 장백산은 석산이라 나무가 뿌리를 깊이 내리고 자라지 못한다. 마을 주변 수목으로는 소나무와 리기다소나무 군락지가 조성되어 있으며 고산재, 수파정, 종가 등지에는 대나무 군락이 형성되어 있기도 하다. 장백산에서는 취나물, 고사리 등의 산나물이 자생하고 있다.

마을 주변에 서식하는 동물들은 장백산에 출몰하는 멧돼지, 너구리, 다람쥐, 꿩 등이 있으며 유곡천에는 쏘가리, 메기, 피라미, 꺽지 등이 서식하고 있다.

## 4. 입산마을의 경관

### 유곡천

세간도랑이라고도 불리며, 서남쪽에서 동북쪽으로 흐르는 역수이다. 유곡천은 궁류의 산골인 벽계계곡에서 발원하여 유곡면을 거쳐 흐른다. 유곡천은 곽재우의 현고수가 있는 세간리를 지나 입산리를 거쳐 손오에서 신반천과 합류한 후 낙동강으로 흘러간다. 유곡천은 오랫동안 입산사람들에게는 소중한 농업용수로 활용되

없고, 풍부한 물고기를 공급해 주는 입산의 생명수이기도 하다.

| 입산리 앞을 흐르는 유곡천

### 자양동

입산마을의 남쪽에 자리잡고 있는 양지골에서도 조그마한 물줄기를 마을에 제공해 준다. 자줏빛 물이 나온다고 해서 자양동으로 이름 붙여진 이 우물은 지금은 사용하지 않지만 한 때 마을에서는 없어서는 안 될 중요한 상수원이었다. 이곳의 우물은 철분을 많이 함유하고 있어 자줏빛을 띤다고 한다.

| 자양동

## 설산동구

지금 입산마을로 가려면 대개 세 가지 길을 따라야만 한다. 하나는 의령군에서 용덕면, 정곡면, 유곡면의 산길을 따라 세간을 지나 입산으로 들어가는 길과 창녕군 대곡리에 있는 박진나루의 다리를 건너 경산을 거쳐 입산으로 가는 길이 있다. 마지막 한길은 창녕군 이방면에 있는 적포나루의 적포교를 거쳐 신반을 경유해 입산으로 들어오는 길이다. 이들 가운데 조선시대 혹은 일제시대에 입산 사람들은 어떤 길을 통해 외부와 내왕했을까?

해답은 마을의 북쪽에 위치한 설산동구(雪山洞口)라는 조그마한 표식에 있다. 지금은 수풀에 가려져 제대로 보이지 않지만, 이곳은 율리를 거쳐 신반으로 가는 길목이자 옛날 입산의 중심인 고산재로 가려면 반드시 거쳐야 하는 곳이기도 했다. 입산사람들이 적포를 거쳐 외지로 주로 내왕한 사실은 입산과 창녕지역간의 통혼이 유독 많은 것에서도 찾을 수 있다. 마을 주민들의 증언에 의하면 마을에는 많은 창녕의 처녀들이 마을로 시집왔다고 한다.

| 설산동구

## 터안뜰과 도로

유곡천과 입산마을 사이에 작지만 아담하게 펼쳐진 들판을 말한다. 지금은 유곡천이 직선으로 흐르며 마을을 거쳐 가지만, 그 옛날에 유곡천은 구불구불 자신의 몸을 비틀며 입산마을을 비겨 갔을 것이다. 그 유곡천을 따라 입산 사람들은 조금씩 조금씩 방죽을 쌓고 한뼘 한뼘 자신들의 농토를 넓혀 나갔고, 마침내 지금과 같은 들판을 이루었을 것이다. 그리고 그 방죽위에는 마을을 지키고 보호하기 위해 비보림(裨補林)을 세워 하천의 범람과 마을의 기운을 유지하려 했다.

하지만 개발의 과정에서 터안뜰은 자신의 허리위에 도로를 허락해야 만 했다. 현재 마을의 어귀에서 시작해 방죽을 따라 이어진 도로는 불연 듯 터안뜰 깊숙이 들어와 마을 회관을 거쳐 폐교까지 폭 8m, 길이 983m의 아스팔트를 남겨 놓았다. 이 도로는 폐교를 거쳐 신반까지 이어진다.

마을 들판 앞을 가로지르는 도로의 건설은 처음부터 논란이 있었다고 한다. 주로 외지에 나가 있는 탐진 안씨들은 마을 경관 등의 문제를 제기하며 기존의 방죽에 도로를 세울 것을 주장했지만, 마을 주민들은 멀리 떨어진 도로보다는 마을과 인접해 있어 보다 안락하게 이용할 수 있는 도로가 필요하였다. 설왕설래 끝에 결국 지금의 도로가 놓여지고 방죽길은 한가한 시골의 소로가 되었으며, 부림에서 율리를 거쳐 마을로 들어오던 옛 길은 도랑이 만들어져 이제는 그 흔적조차 찾아 볼 수 없게 되었다.

## 양지골

마을의 남쪽에 위치한 작은 골짜기로 송암 이로 선생의 묘소가 있는 곳이다. 예부터 입산의 아녀자들은 이곳에서 목욕을 했다고 한다. 한편 양지골에는 탐진 안씨들의 묘소도 있고 1946년 10월 신반지서를 습격하던 과정에서 사망한 강달교의 무덤도 있다.

### 천룡골

방개봉 동북쪽으로 형성된 골짜기로 상류에 고산재가 위치해 있으며 하류에는 낙동강 농민조합 터가 있었다. 골짜기가 천룡의 모습을 하고 있어 이름을 천룡골이라 하였으나 목이 짧아 힘을 쓰지 못한다고 해, 그 부분에 회회나무를 심어 용의 목을 길게 내었다고 한다. 이 나무들은 지금도 함부로 자르지 못하게 한다.

### 만세공원(萬歲公園)

마을 입구 버스길에서 마을로 가는 중간 논들 가운데 큰 느티나무가 있는데, 이곳이 기미년 만세를 불렀던 자리이다. 그 뜻을 기념하기 위하여 세운 나무인데, 수령 80년을 헤아리고 있으나 지금은 농로 개설과 경지 정리로 인해 들판 가운데 우두커니 서 있는 그저 그런 나무처럼 보인다.

| 만세공원 터

이 공원은 입산에서 그 유래가 깊은 곳인데, 이곳은 원래 1954년까지 입산간이학교가 세워져 있던 곳이었다. 54년 입산초등학교가 현위치로 이동하면서 이곳은 만세공원으로 조성되었다. 한편 만세공원은 50년 입산리의 국민보도연맹원들이 예비검속된 슬픈 역사를 간직한 곳이기도 하다.

### 물레방아터

지금은 사라졌지만 입산에는 설산재 종중에서 운영하던 물레방아가 있었다. 지금은 그 흔적을 찾을 수 없지만, 현재 입산마을 방죽에 세워진 집이 옛 물레방아 터였다고 한다. 유곡천의 수로를 이용해 만들어진 물레방아는 종가에서 관리했으며 별도의 관리자가 있었다. 마을 사람들이 그것을 이용하려면 이용료를 내야 했다고 한다.

| 물레방아터 : 사진에 보이는 건물자리에 물레방아가 있었다.

# II 입산 마을의 역사

# 입산마을의 역사

## 1. 전근대, 일제시대 입산리의 역사

### 1) 입산마을의 연혁과 탐진안씨의 정착

① 입산마을의 연혁

입산마을 부근에는 청동기 시대에 이미 사람들이 정착해서 살고 있었던 것으로 보인다. 경산 마을과 안골 마을 사이에 청동기시대의 지석묘 2기가 분포하는 것으로 보아 그것을 짐작할 수 있다.

| 경산리 고분(1호분) : 이 고분을 비롯한 주위의 고분에서 토기가 다양하게 발굴되었다.

가야시대와 삼국시대에 와서도 이 부근에는 사람들이 밀집해서 살고 있었던 것으로 보인다. 경산리 박진고개를 넘어가기 전에 위치한 무덤골이라 불리는 계곡 좌우에 삼국시대의 고분 44기가 분포되어 있는데, 이곳에서는 대가야 · 아라가야 · 소가야 등의 가야 양식과 신라 후기 양식의 토기가 다양하게 발굴되었다.

이외에도 입산리의 뒷산 너머에 있는 단원리 단원 마을 남쪽의 해발 50m 전후의 완만한 경사면에도 여러 개의 고분이 있고 통일신라 시대의 토기 조각들이 채집되었다. 또 율리 마을 뒷산에 있는 여러 고분에서 토기 · 대도(大刀) · 창 등이 도굴꾼들에 의해 도굴되었다는 이야기가 전해진다. 현재는 폐교된 입산초등학교에 토기와 대도 등이 보관되어 있었다고 전해지지만, 지금은 그 행방을 알 수가 없다.

| 율리 뒷산의 고분군 : 이 고분에서도 토기 · 대도 · 창 등이 발견되었다고 한다.

이로 보아 6세기 중엽 전후에 입산리 부근에도 어떤 세력이 형성되어 있었으리라 짐작되지만, 그 실체를 알 수는 없다. 통일신라 때에 와서는 이 지역이 독자적인 고을인 의상현(宜桑縣, 이전에는

新尒縣)이 두어졌는데, 그 중심이 되는 관아가 어디 있었는지는 아직까지 알 수가 없다. 고려시대로 넘어오면서 고을 이름이 신번현(新繁縣)으로 바뀌는데, 이때부터는 입산리에서 북쪽으로 약간 떨어진 신반리 현동에 관아가 있었을 것으로 추측된다.

고려시대까지만 해도 지금의 의령지역은 의령현(宜寧縣)과 신번현(新繁縣)이라는 독자적인 두 개의 행정구역으로 나누어져 있었지만, 모두 수령이 파견되지 않은 속읍(屬邑)의 형태를 취하고 있었다. 고려시대에는 수령이 파견된 고을보다 수령이 파견되지 않은 채 인근 고을 수령의 관할을 받는 속읍이 훨씬 많았다. 그런데 예종대 이후가 되면 많은 속읍들이 지방 수령인 감무(監務)를 파견함에 따라 주읍(主邑)으로 승격되기 시작하였다.

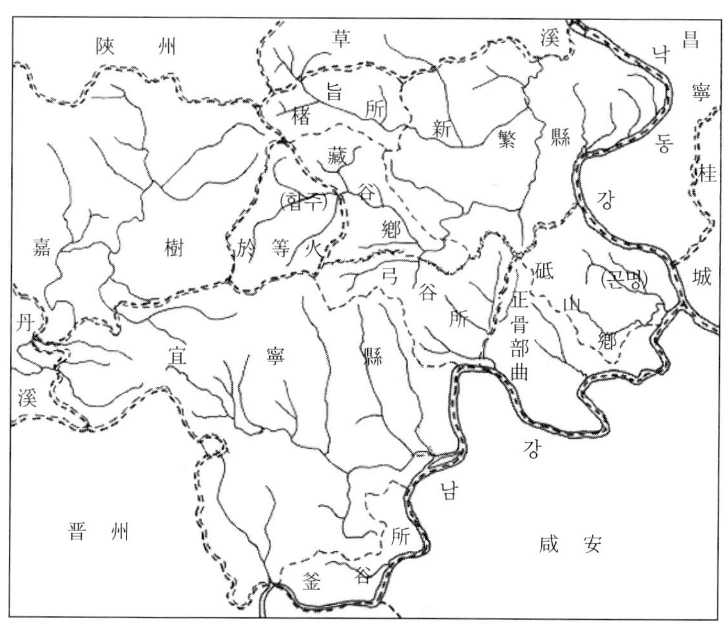


| 고려시대 의령현 · 신번현의 강역

의령현은 통일신라 말기까지 함안군(咸安郡)의 영현(領縣)이었다

가, 고려 현종 9년에 와서 진주목의 속현으로 이속되었다. 그리고 신번현은 통일신라 말기에 의상현이라고 불리면서 강양군(江陽郡: 지금의 합천)의 영현으로 존재했다. 고려 초에 와서 신번현이라고 개칭되었지만, 여전히 강양군의 속현으로 남아 있었다. 그러나 당시의 의상현(후의 신번현) 내의 행정구역이 어떻게 편제되어 있었고 당시의 입산마을의 모습은 어떠했는지는 구체적으로 알 수 없다.

의령현과 신번현이 각각 다른 고을에 소속되어 있으면서 별도로 존재하던 상황이 변하는 것은 고려 말에 와서이다. 고려 말 공양왕 2년(1390)에 비로소 의령현에 수령인 감무(監務)가 파견됨으로써, 의령은 독립된 고을로 자리잡게 된 것이다. 그러나 작은 고을인 의령현만으로는 독립된 고을을 유지할 수 없었기 때문에, 합천군의 속현이었던 신번현이 의령현에 이속되었다. 이때부터 의령현과 신번현이 비로소 밀접한 관계를 맺게 된 것이다.

조선 초기에 들어와 지방제도가 정비됨에 따라 의령현에서도 면리제(面里制)가 실시되었다. 그런데 신번현은 의령현에 소속되면서도 세종 때까지만 해도 독자적인 구역의 성격을 띠고 있었다. 『세종실록지리지(世宗實錄地理志)』에 의하면, 신번현도 동 · 서 · 남 · 북의 방위면 체제를 독자적으로 시행하고 있었던 것이다. 뿐만 아니라 문종 때까지만 해도 신번현에는 향리들이 독자적으로 존재하면서 미곡을 보관하는 창고를 따로 마련해서 그것을 자체적으로 관리하는 모습을 보이고 있었다.

그러다가 문종 때에 가서 조정에서는 이런 관리체제가 왜구의 노략질에 취약하다고 판단하여, 미곡 전부를 수령이 있는 관아 근처로 옮겨서 수령이 친히 관리하도록 조처를 취했다. 아마 이런 조치가 취해진 이후 신번현의 독자성은 거의 사라지지 않았나 추측된다.

조선 초기에 실시된 면리제에 따라 입산리 부근도 방위면 밑에 하나의 마을로 편제되었을 것으로 추측된다. 그러나 이때부터 입산마을이 오늘날과 같은 밀집된 촌락의 모습을 띠지는 않았을 것이다. 부산리(夫山里)라는 넓은 구역의 리(里)가 설정되고 그 구역 내에 사람들이 여기저기 흩어져 사는 모습을 보였을 것이다. 그만큼 당시에는 조선 말기처럼 인구가 많지는 않아서 주위에 밀집된 촌락이 나타날 수 있는 조건이 별로 형성되지 않았을 것이기 때문이다.

『세종실록지리지』에 의하면, 조선 전기 세종 때의 의령현의 호수는 541호, 신번현은 555호로 나오고 인구는 각각 1,629명, 982명으로 나타난다. 그러나 이때의 호수는 자연호(실제의 호)가 아니고 군역을 충당하기 위해 만든 인위적 편호였다. 그것은 성종 때 의령의 각종 군사가 541명인데 이를 510명으로 감축했다고 하는 기사에서 추측할 수 있다. 그래서 의령의 실제 호수는 인구를 가지고 보아야 하지 않나 생각된다. 그러면 의령지역 전체호수는 위에 언급된 의령과 신번의 인구를 합한 2,611명으로 추측해도 큰 무리는 없을 것이다.

그 이후 1789년의 『호구총수(戶口總數)』 이전까지는 의령의 호수와 인구를 알려주는 자료가 없다. 따라서 1789년 이후를 가지고 언급할 수밖에 없다. 세종 무렵에서 1789년까지는 300년 이상의 간격이 생기긴 하지만, 이 사이에 호수는 2,611호에서 8,419호로 상당히 증가한다. 이것도 인구를 모두 파악한 것이 아니고 많은 사람들이 호적에서 빠져 있는 상태였다. 을사조약 체결 직후인 1907년 우리 나라의 통치권을 장악한 일본이 병력까지 동원해 조사한 인구를 보면 그것을 알 수 있다. 이때는 의령의 총 호수는 11,550호, 인구는 55,309명이었다. 어쨌든 의령의 인구는 조선시대 전시기에 걸쳐 점차 늘어나고 있었다.

이와 같이 사회가 변화하고 각 고을에 편성된 리(里) 밑의 촌락들도 인구가 늘어나면서, 이런 촌락들이 촌 · 동이나 리(里)로서 독자적 역할을 해 나가기 시작한다. 이에 따라 국가에서 파악하는 마을 수도 늘어났고, 면리제도 더욱더 강화 · 정비되었다. 의령현에서도 방위면 밑에 있던 19개의 리가 그 밑의 마을을 통할하는 면으로 승격되었다. 옛 신번현 지역도 보림면(寶林面)·부산면(夫山面)·정곡면(定谷面)·미요면(未要面)으로 분할되어 있었다. 면이 '리(里)'라고도 칭해져서 혼란을 주기는 하지만, 실제로는 면으로서의 기능을 하고 있었다.

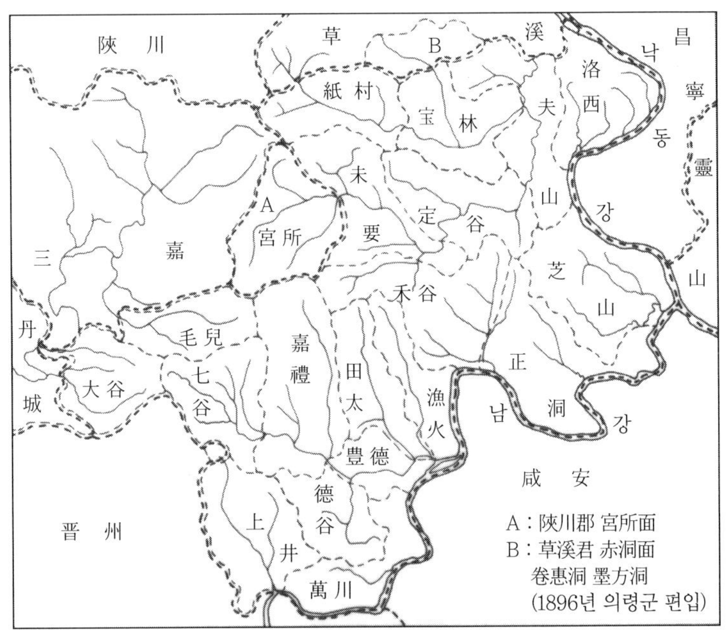


毛兒→慕義, 未要→柳谷, 漁火→龍巖, 田太→德巖, 萬川→華陽, 紙村→鳳山

| 조선 후기 의령현 각 면의 영역

1789년에 만들어진 『호구총수』에 의하면 의령현의 면이 19개, 리가 135개로 기록되고 있는데, 이것은 이후의 시기로 가면서 변화한다. 즉 면도 분화되어 그 수가 늘어나고 마을 수도 점차 늘어난다. 그 예로 입산마을이 속해 있던 부산면과 거기에 속한 마을의 변화를 보면 〈표 5〉과 같다.

그런데 1789년의 『호구총수』에 의하면, 입산마을이 속해 있는 부산리(면)에 속해 있는 마을의 수가 이구·여배·대곡·오소·손오 · 부산 · 율곡 · 경산 등 8개가 기록되어 있었다. 그런데 1912년의 『지방행정구역명칭일람』에서는 부산리가 부산면과 경산면으로 분리되고 부산면 내에는 이구 · 구내 · 월전 · 여상 · 여하 · 대곡 · 오소 · 손오 · 난동 · 구이 · 수축 · 비곡 · 단원 · 율곡 · 입산 등 15개 마을이 기록되어 있다. 경산면으로 떨어져 나간 경산 · 박진 마을까지 포함하면 마을 수가 2배 이상으로 늘어난 것이다. 부산면과 경산면이 분리된 모습이 1830년대의 『경상도읍지(慶尙道邑誌)』단계에서는 나타나지 않고, 19세기 후반에 만들어진 『영남읍지(嶺南邑誌)』「읍사례(邑事例)」에서 비로소 나타나는 것으로 보아, 19세기 후반에 와서 부산면이 양 면으로 분리된 것 같다.

‖ 표5 면과 마을수의 변화 · 증가 ‖

| 1789년(『戶口總數』) | | 1912년(『地方行政區域名稱一覽』) | |
|---|---|---|---|
| 면 명 | 마 을 | 면 명 | 마 을 |
| 부산리(夫山里) | 이구(耳仇), 여배(余背), 대곡(大谷), 오소(吾所), 손오(孫吾), 부산(夫山), 율곡(栗谷), 경산(景山) | 부산면(富山面) | 이구(耳口), 구내(九乃), 월전(月田), 여상(余上), 여하(余下), 대곡(大谷), 오소(吾所), 손오(孫吾), 난동(蘭洞), 구이(九爾), 수축(水築), 비곡(非谷), 단원(丹原), 율곡(栗谷), 입산(立山) |
| | | 경산면(景山面) | 경산(景山), 박진(朴津) |

그런데 〈표 5〉에서 주목되는 것은 『호구총수』에는 부산리에 속한 마을로 입산이나 설산(雪山)이란 마을의 이름이 나타나지 않는다는 점이다. 입산마을이 나타나는 것은 1872년에 제작된 「의령지도」(서울대 규장각에 소장된 『경상도지도』에 들어 있음)에서부터이다. 즉 1872년 무렵에 가서야 비로소 입산마을이 등장하는 것이다. 입산마을이 이렇게 늦게 등장하는 것은 어떤 이유때문일까. 『호구총수』의 기록에는 면마다 마을 수가 기록되기 때문에 입산마을을 실수로 빠뜨렸다고 할 수는 없다.

당시 입산마을 부근의 마을로 추측되는 것은 부산과 율곡이다.

부산촌은 원래 단원마을을 지칭하는 옛 명칭으로서 부산면의 중심지를 이루고 있어서 면의 명칭으로까지 사용되고 있었을 것이다. 그 부산촌이 후에 수축 · 비곡 · 단원 마을로 분화된 것이다. 아마 입산마을도 원래 행정적으로 독립되어 있지 않고 율곡촌에 속해 있다가 후에 인구가 밀집된 촌락으로 발전하면서 율곡촌에서 분리되었던 것이 아닌가 짐작된다.

『민소초개책(民訴抄槩册)』에 의하면, 1888년 12월 19일 부산면 부산동(夫山洞)의 이주섭(李朱燮) 등이 수령에게 소장을 올려 수축 · 율동 등 5개 동을 합하여 하나의 동으로 만들어 달라는 요구를 하였다. 그러나 수령은 동을 나누고 합하는 것이 빈번하여 문제가 되었기 때문에 여러 동을 합하는 것은 들어줄 수 없다는 판정을 내렸다. 이로 보아, 이 때는 이미 입산마을이 분리되어 있었을 것으로 보인다. 이때 5개 동이란 수축 · 비곡 · 단원 · 율곡 · 입산마을 등이었을 것이기 때문이다.

이처럼 입산마을이 분리 · 독립된 것은 뒤에 언급하듯이 탐진안씨가 입산마을에 정착해서 점차 번성시켜 갔기 때문이었을 것으로 보인다.

1876년 개항 이후 서양의 근대과학 문물이 국내에 급속하게 전파되고 사회도 급속하게 변화하기 시작하였다. 지방제도의 개혁이 1895년과 1896년에 연이어 단행되면서 의령현은 의령군으로 칭하게 되고, 진주부(晋州府)나 경상남도에 속하게 되었다. 1895년 지방제도 개혁 때의 후속조치로 각 군을 1등에서 5등까지 등급을 나누었는데, 의령군은 당시의 인구와 토지면적에 기초하여 3등급의 군에 속하게 된다. 의령군은 비록 조선 말기까지 '현(縣)' 으로 불리는 작은 고을이었지만, 인구가 늘어나 당시에는 경상남도에서도 인구 면에서 다섯 번째 안에 드는 고을로 변해 있었다.

그런데 1910년 일제가 한일합방을 선언하고 본격적인 식민통치에 들어간 이후 얼마 되지 않은 1913년 10월에서 1914년 4월에 걸쳐 대대적인 지방제도 개혁을 단행하였다. 이 개편의 주요 특징의 하나는 군과 면의 대대적인 치폐분합(置廢分合)을 통하여 군 · 면의 수를 대폭 축소했다는 점이다. 조선총독부는 부 · 군의 구역을 개편하고 군의 수를 종전의 317개에서 220개로 대폭 감축하였다.

이에 따라 경상남도에서는 1906년 당시 2부 28군이던 것이 1914년에는 2부 19군으로 정리되었다. 이때 의령군은 다른 군에 병합되지도 않았고, 또 다른 군을 병합하지도 않은 채 단독으로 의령군을 유지하는 형태를 취하였다. 다만 조선시대 이래로 계속 존재하고 있던 월경지(越境地) 일부가 의령군으로 편입되었을 뿐이다. 합천군 궁소면(宮所面) 지역과 초계군 백암면(伯巖面)의 오산동(烏山洞) · 다현동(多峴洞)이 그것이다.

군간의 통폐합과 함께 면리간의 통폐합도 진행되었다. 의령군에서도 원래의 25개 면과 궁소면까지 합해서 모두 26개 면이 14개 면으로 통폐합되었다. 그것을 옛 신번현 지역만 국한해서 살펴 보면 다음과 같다.

부림면(富林面) : 경산면(景山面), 부산면(富山面), 보림면(寶林面)
궁류면(宮柳面) : 일유곡면(一柳谷面), 합천 궁소면(宮所面)
봉수면(鳳樹面) : 가수면(佳樹面), 봉산면(鳳山面)
유곡면(柳谷面) : 정곡면(定谷面), 이유곡면(二柳谷面), 능인면(能仁面)

마을 단위에서도 자연마을 여러 개를 묶는 광역의 법정리가 만들어지고, 많은 마을들이 분할되거나 통합되었다. 입산리가 소속된 부림면의 마을 통폐합을 보면 다음과 같다.

경산리 : 경산면 경산동, 박진동, 낙서면 부곡동 일부
대곡리 : 부산면 대곡동, 오소동 일부
손오리 : 부산면 손오동, 난동, 구이동, 오소동 일부

입산리 : 입산동

단원리 : 부산면 율곡동, 수축동, 단원동, 정곡동, 보림면 이현동 일부

여배리 : 여하동, 여상동 일부

익구리 : 월전동, 구내동, 이구동 일부

감암리 : 보림면 하암동, 신반리, 동오동, 이현동, 창동, 감암동, 부산면 오소동, 이구동 각 일부

신반동 : 보림면 일현동, 로상동, 로하동, 내상동, 내하동, 내장동, 외장동, 이현동, 막곡동, 감암동, 창동, 가수면 서득리 각 일부

막곡리 : 막곡동 일부

부림면만 보아도 이처럼 여러 마을이 합쳐져 하나의 리로 재편성되었고, 일부 마을은 각각 분할되어 다른 리에 속하게 되었는데, 입산리는 이전의 입산촌이 아무런 변화가 없이 원래의 상태를 유지하는 것으로 나타난다. 그만큼 이 당시에 와서는 입산마을이 탐진안씨를 중심으로 밀집된 큰 촌락으로 성장해 있었기 때문에, 입산촌만으로도 하나의 리를 구성할 수 있었던 것이다.

② 탐진안씨의 입산마을 정착

입산마을 부근에 원래 어떤 집단이나 성씨가 살고 있었는지는 관련 자료가 없어서 구체적으로 알 수가 없다. 『세종실록지리지』에 의하면, 고려시대에 신번현에는 진(陳)·서(徐)·임(任)·석(石)·오(吳)씨 등 5개의 토착 성씨가 살고 있었다.

이들 성씨 중에는 고려 초부터 중앙으로 진출하여 관료로 지낸 자들도 있었을 것이고, 또 그대로 남아 지방의 향리로서 지역의 여러 가지 행정을 담당한 경우도 있었을 것이다. 의령현이나 신번현은 수령이 파견되는 주읍이 아니었기 때문에 결국 주읍인 진주나 합천의 향리들의 지휘와 간섭을 받지 않을 수 없었을 것이다. 그러

나 이때의 향리들은 조선시대와는 달리 단순한 행정 실무자는 아니었고 그 지역을 지배할 수 있는 토착적 지배기반이 있는 지방세력이었다.

고려 말로 오면서 이들중 많은 인물들이 과거(科擧)나 군공(軍功)을 통해 중앙으로 진출하여 사족층으로 변화해 가지만, 신번현 지역에서는 어떤 가문, 어떤 인물이 중앙에 진출했는지 자세히 알 수 없다. 중앙에 진출하게 되면 당시 서울인 개성 부근에 거주지를 정한다든지 다른 지역 출신과 결혼관계를 맺어 다른 곳으로 이주하는 현상도 나타난다. 이는 당시에는 결혼하면 남자가 여자 집에 들어가 사는 '남귀여가(男歸女家)' 라는 현상이 일반화되어 있었기 때문이다. 또한 잔약한 고을의 향리들은 주읍의 향리들의 수탈로 인해 다른 곳으로 떠나버리거나 사라져 버린다. 신번현도 마찬가지였을 것이다.

그 대신 고려 말 조선 초에 걸쳐 많은 성씨들이 신번현 지역에 들어와 정착하였다. 『세종실록지리지』에 의하면, 신번현에는 새로이 들어오는 성씨로서 김(金)씨(본관은 모름)만이 기록되어 있지만, 고려 말 이래로 이미 다른 고을의 많은 성씨가 신번현에 들어와 정착하고 있었다. 고성이 · 진양강 · 청송심 · 달성서 · 분성배 · 순창설 · 경주이 · 진양정 · 안악이 · 전주이 · 신창표 · 벽진이 · 전의이 · 초계정 · 인천이씨 등이 그들이다.

이런 추세 속에서 탐진안씨도 의령으로 들어온다. 탐진안씨는 원래 고려왕조가 망하고 조선왕조가 개창될 무렵 안도(安堵: 후에 헌납(獻納)이라는 벼슬에 이름)가 어지러움을 피해 경기도 장단현(長湍縣)에서 경상도 영산현(靈山縣)으로 옮겨와 은거하였다고 한다. 그는 후에 모친이 세상을 뜨자 3년간 시묘살이를 하였는데, 이 사실이 조정에 알려져서 그에 대한 정려(旌閭)가 내려지고 그가 살던 마을에 효자리라는 비석도 세워졌다.

그후 그의 4대손인 안윤옥(安潤屋) 때에 이르러 탐진안씨는 의령으로 들어온 것으로 보인다. 그가 태어나고 죽은 연대를 알 수 없어 의령으로 옮겨온 시기를 구체적으로 알 수는 없지만, 대략 15세기 말로 보인다. 『탐진안씨세보(耽津安氏世譜)』에 의하면, 안도의 증손인 안순민(安舜民) 때부터 묘가 의령 경산리(景山里) 갑곡(匣谷, 안골)에 있는 것으로 기록되어 있어, 안순민 때 의령으로 옮겨 온 것으로 볼 수도 있을 것이다. 그런데 안기종(安起宗: 1556~?)의 『지헌실기(止軒實記)』 연보(年譜)에는 그의 조부인 참봉 안윤옥(安潤屋) 때 의령으로 온 것으로 기록되어 있다.

| 안골 : 탐진안씨가 의령에 들어와 처음으로 정착한 곳이다.

탐진안씨가 의령으로 들어와 처음 정착한 마을은 입산마을이 아니었다. 안순민 이후 안인(安仁)까지 삼대의 묘가 갑곡에 있는 것으로 보아 처음 정착한 마을은 경산리 안골이었던 것 같다. 『의춘지(宜春誌)』 방리(坊里)조에 경산리 동쪽에 안기종이 살았던 곳을 기념하는 유허비(遺墟碑)가 있다고 기록되어 있고, 현재 탐진안씨 문중 내에서도 그의 유허비가 원래 안골에 있었으나 지금은 입산마을 입구에 옮겨 세워졌다는 이야기가 전해지는 것으로 보아, 안기종도 한때 이 안골에 거주하고 있었던 것 같다.

그러다가 임진왜란 이후 안기종은 안골에서 유곡천 건너편에 위치한 입산마을로 이주하였다고 한다. 현재 문중 내에는 이와 관련된 전설이 전해지고 있는데, 이를 요약해서 이야기해보면 다음과 같다.

임진왜란 이후 안기종이 입산마을에서 유곡천 건너편에 위치한 민동소(沼)에서 낚시로 무료함을 달래고 있었다. 마침 그때 고승(高僧)이 지나가다 그의 옆에서 걸음을 멈추고서는 주변의 산하 경관을 돌아보더니, 혼자 말로 "저 건너 산 밑에 집을 짓고 살면 자손도 흥성할 것이고 부(富)를 누릴 수 있겠다"라고 하였다. 이에 안기종이 조용히 그 말의 진의를 물은 즉, 역시 같은 취지의 말을 반복하면서 매화낙지(梅花落地)로 많은 복을 누릴 길지(吉地)라고 하였다. 이에 안기종은 경산리 안골에서 고승이 가리켰던 곳에서 좋은 위치를 골라 집을 지어 살게 되었고, 이로부터 입산마을이 형성되었다.

그러나 안기종 때부터 바로 입산마을에 탐진안씨 마을이 형성된 것은 아니었던 것 같다. 『지헌실기』 연보에는 안기종이 율리(율곡)에 집을 짓고 당호를 지헌(止軒)이라 하였고 거기에서 생을 마친 것으로 기재되어 있다. 그의 행장과 묘갈명에도 그가 '방동산(榜洞山) 밑' 또는 '방동'에 은거하고 집을 지헌이라 칭했다고 기록되어 있다. 연보와 행장 등을 연결지어보면, 방동은 율리의 다른 명칭인 것 같다. 현재 입산마을 뒷산을 '방개산'이라 하는데, 이것이 방동산과 같은 것이 아닌가 생각된다. 율리와 입산마을은 방개산을 사이에 두고 각각 남쪽과 북쪽에 위치하고 있다.

안기종의 아들인 일와(逸窩) 안택(安宅: 1587~1648)도 율곡에 은거한 것으로 나타난다. 안익제(安益濟: 1850~1909)의 『서강유고(西崗遺稿)』에 기록되어 있는 안택의 유사(遺事)에 의하면, 그가 병자호란 때 조정이 청나라에 항복하자 숭정처사(崇禎處士)를 자칭하며 율곡에 은거하였다고 한다. 그런데 율곡 마을에는 인천이(仁川李)씨가 예전부터 터를 닦고 대대로 거주하고 있었다. 아마 안택은 인천이씨 진사 이사증(李思曾)의 딸과 결혼하면서 처가가 있는 율곡에 살게 되었던 것 같다.

| 율곡 마을 : 한동안 안택과 그의 자손들이 거주했던 마을이다.

또 『서강유고』에 기록된 안택의 아들 회산(晦山) 안시욱(安時郁)의 유사에 의하면, 그가 선조를 제사하고 친족간의 두터운 화목을 유지하기 위해 율곡에 의계(義契)를 설치하였고, 그 이후 선조를 기리는 재각을 건립하려 했으나 뜻을 이루지 못하고 세상을 떴다고 한다. 그 재각은 후대에 가서 건립되었을 것이고, 그것은 아마 율리재(栗里齋)일 것이다. 그리고 안택 이후 그의 증손인 안대방(安大邦)까지는 묘가 율곡에 있다.

안방로(安邦老: 1852~1938)의 『연파집(淵坡集)』에 의하면, 안택의 동생 돈와(遯窩) 안준(安寯: 1591~1680)도 병자호란 직후 부산(夫山) 마을로 들어가 마을 이름을 춘산(春山)으로 고치고 낚시질하며 은거하였다고 한다. 그를 기리는 춘산재(春山齋)라는 재각도 그 마을에 있다.

| 율리재 : 안택을 기리고 제사하는 곳이다.

| 수축마을 : 안준과 그의 후손들이 거주하던 마을이다.

이로 보아 안씨들은 한동안 율곡이나 부산(수축) 등의 마을에 흩어져 살면서 일부는 점차 입산마을로 나와 살기 시작한 것 아닌가 생각된다. 그리고 이때까지는 입산마을이 많은 가구가 밀집되어 있는 마을로 성장한 것은 아니었던 것으로 보인다. 따라서 입산마을은 아직은 분리, 독립되지 못하고 율곡 마을에 속해 있었던 것 같다.

원래 입산마을에는 청도김(淸道金)씨가 살고 있었다고 한다. 현재 입산리 부근의 산에는 청도김씨의 묘가 여러 개 존재한다. 청도김씨의 족보에 의하면, 김경우(金景祐: 1555~1594)의 부친인 김원(金源)의 묘부터 김원의 7대손인 김정이(金鼎彝: 1759~1821)의 묘까지 입산마을 뒤의 고산, 제궁동에 있는 것으로 기록되어 있다. 그러므로 16세기 중반부터 19세기 초까지는 청도김씨가 입산마을에 거주했던 것으로 보인다. 그러다가 안씨가 이동해 와서 번성하기 시작하면서 청도김씨는 점차 다른 곳으로 이주해 간 것으로 추측된다.

입산마을은 원래 설산(雪山: 설뫼, 설미, 설메)으로 불렸다고 한다. 그것이 후에 입산이라고 명칭이 변한 것으로 전해진다. 즉 설산의 '설'을 '설립(立)'자의 훈과 연결시켜 그 음인 '립'으로 변화시킨 것이다.

입산마을에 탐진안씨가 밀집된 동족촌락으로 발전하기 시작한 것은 설산재(雪山齋) 안여석(安如石: 1717~1787) 무렵부터인 것 같다. 그는 입산리 뒷산에 고산재(高山齋)를 세워 마을 주민 자제들의 교육에 관심을 쏟고 또 영산현에 있던 칠효정려각(七孝旌閭閣)을 입산마을 입구로 옮겨와 다시 세웠다. 그래서 입산마을이 탐진안씨가 밀집한 동족마을로 발전해 나가는 기반이 마련되었다.

이를 전후해서 탐진안씨는 입산마을을 본거지로 하면서 점차 밀집된 동족촌락을 형성하기 시작하였다. 그러나 탐진안씨는 이곳에만 거주하지 않았다. 이 마을을 중심으로 부근의 구산, 난동, 수축마을로 점차 퍼져 나갔다.

유교주의를 강조하던 조선왕조에 와서는 각 고을에서도 향교·서원·서당을 중심으로 한 교육, 향약의 실시 등을 통해 유교적인 이념과 문화를 확산시켜 나갔다. 각 지역 사림들도 이런 유교적 문화의 솔선수범을 통해 자신의 입지를 다져 나갔다. 유교적 문화와 예절의 확산은 가족, 친족제도에도 영향을 미쳤다. 특히 주자(朱子)의 『가례(家禮)』가 강조되면서 남자 중심의 종법(宗法)체제의 틀

이 우리 사회에도 점차 뿌리내리기 시작한다.

우선 결혼관습에서 점차 변화가 생겼다. '남귀여가' 현상이 점차 약화되어 결혼한 후 남자가 처가에 머무는 기간이 짧아졌다. 조상에 대한 제사도 장자, 장손이 맡는 것으로 되었다. 재산상속에서도 점차 변화가 있었다. 임진왜란 이후 17세기에 오면 상속에서 아들과 딸을 차별하는 양상이 나타난다. 그리고 18세기 이후로 넘어가면 아들 사이에도 차별이 생기고 장자를 우대하는 현상이 심해지기 시작하였다.

이것은 의령에서도 마찬가지였다. 의령에는 17, 18세기에 자손에게 재산을 나누어 준 분재기(分財記)가 몇 가문에 남아 있다. 탐진안씨 가문에도 여러 개의 분재기가 남아 있는데, 이 중에 가장 시기가 올라가는 것은 17세기 중반의 분재기이다. 일부가 마모되어 확실한 연대를 알 수 없지만, 안택의 처인 인천이씨가 자식들에게 재산을 나누어 준 문서로서, 아들 2명과 딸(사위) 6명에게 재산을 나누어주는 것으로 되어 있다. 족보에는 아들이 3명 기록되어 있는데, 아들중 둘째인 시우(時遇)가 일찍 죽었기 때문에 2명만 대상으로 한 것 같다. 그런데 장남(安時郁: 1613~1680)이나 차남이 물려받은 재산의 양은 비슷하다. 다만 딸들에게 나누어주는 재산은 아들보다 훨씬 적어 자녀균분상속(子女均分相續)이 이루어지던 조선 전기의 상황과는 달라지고 있다. 조상의 제사를 위해 설정된 부분인 봉사조(奉祀條)도 극히 적다.

안시욱이 죽은 후인 1681년에 작성된 분재기에서도 세태(世泰)·우태(宇泰)·기태(基泰) 및 2녀 등이 재산을 나누어 상속하는 것으로 기록되어 있다. 이 문서에서도 아들에게는 균분상속, 딸에게는 차등상속을 하는 모습이 나타난다. 1784년의 분재기도 있는데, 이것은 안여석이 자식들에게 재산을 나누어 준 문서이다. 아들인 덕명(德明)·덕성(德成)·덕문(德文) 이외에 장손 처규(處奎)에게도 별도로 재산을 나누어 주는 모습이 보이고, 장자를 우대하는 모습도 보이기 시작한다.

이처럼 가문 내에서 종손, 종가가 차지하는 위치가 점차 높아지면서 가문 내의 구성원들도 종손을 중심으로 결속하고 종손이 가문의 일을 주도하는 모습이 여러 문집에서 나타난다. 종손의 가세가 경제적으로 쇠락해지면, 가문내의 구성원들이 조상 제사에 필요한 자금을 모아 기금을 조성하거나 토지를 사서 종손에게 주는 경우도 더러 보인다. 이와 함께 나타나기 시작한 것이 문중의 결속과 상호부조를 도모하는 문중계(門中契)나 족계(族契)이다.

입산마을에서도 종안(宗案: 문계안)이 만들어졌다. 그 예가 1742년 탐진안씨 참의공파 후손들이 문중의 결속과 상부상조를 위해 만든 종안이다. 이와 같이 입산마을을 중심으로 탐진안씨들이 결속해 가면서, 입산마을은 대부분 탐진안씨로 구성된 동족마을로 변화해 간다.

일제시대인 1930년대에 오면 조선총독부가 전국적으로 동족마을의 상황을 조사하게 되는데, 이 자료에는 의령지역의 동족마을도 소개되고 있다. 부림면 지역만 한정하여 보면, 다음과 같은 마을이 소개되고 있다.(朝鮮總督府, 『朝鮮の姓』(1934))

부림면 신반리 : 안동권씨 80호, 부림면 입산리 : 강진(탐진)안씨 80호
부림면 단원리 : 인천이씨 70호, 부림면 대곡리 : 안동김씨 30호
부림면 감암리 : 초계정씨 40호

이것을 보면 당시 입산리가 탐진안씨만으로도 아주 큰 마을로 발전하고 있었음을 알 수 있다.

조선 후기에 와서 탐진안씨 문중에서도 다른 문중과 마찬가지로 같은 친족이라는 것을 인식하고 서로간의 유대를 긴밀히 하기 위해 족보를 만들었다. 문중 전체를 아우르기가 어려우면 우선 인근의 특정 파만 중심으로 해서 파보(派譜)를 만들었고, 가능하면 가문

의 위세를 보이기 위해 가문 전체를 담은 대동보(大同譜)를 만들려고 노력했다. 여러 사림들의 협조와 문중 내의 합심에 의해 여러 조상의 문집도 발간되었다. 일부 확인될 수 있는 문집은 다음과 같다.



안기종(安起宗: 1556~?), 『지헌실기(止軒實記)』
안여석(安如石: 1717~1787), 『설산재유고(雪山齋遺稿)』
안문석(安文石: 1757~1826), 『북암집(北巖集)』(『세방집(世芳集)』에 합록)
안덕문(安德文: 1747~1811), 『의암집(宜庵集)』
안덕승(安德升: 1799~1836), 『난암집(蘭巖集)』(『세방집(世芳集)』에 합록)
안영로(安英老: 1797~1846), 『면암집(勉菴集)』
안휴로(安休老: 1809~1881), 『심암만록(心菴漫錄)』
안처정(安處貞: 1810~1875), 『단헌집(檀軒集)』(『세방집(世芳集)』에 합록)
안찬(安鑽: 1829~1888), 『치사집(癡史集)』
안집(安鏶: 1830~1875), 『백하유고(柏下遺稿)』
안방로(安邦老: 1852~1938), 『연파집(淵坡集)』
안익제(安益濟: 1850~1909), 『서강유고(西崗遺稿)』
안효제(安孝濟: 1850~1916), 『수파집(守坡集)』
안창제(安昌濟: 1866~1931), 『송은유고(松隱遺稿)』

이외에도 탐진안씨 족보에 의하면 문집을 남긴 인물들이 적지 않은데, 그 문집의 존재 여부는 확인할 수가 없었다.

### 2) 유교문화의 정착과 탐진안씨의 역할

① 유교적 교화와 교육

고려시대에는 유교적인 의식이 압도적인 영향을 미치던 조선시대와는 달리 불교가 많은 영향을 미치고 있었다. 지방에서의 행사에서도 불교식 행사가 주류를 이루고 있었다. 따라서 고려시대에는 각 고을마다 도처에 사찰이 세워져 있었다. 그런데 조선시대에 와서 불교를 억압하면서 많은 사찰이 강제로 정리되었고 남아 있는 절이라 하더라도 제대로 국가에서 보호해 주지 않아 사찰이 많이 없어졌다.

조선왕조에 들어와서 국가는 중앙집권체제를 강화함과 동시에 불교를 대신해서 유교사상을 전면에 내세우기 시작하였다. 따라서 유교사상이 정치·제도·사회·문화 모든 면에서 지배적 위치를 차지하게 되었다. 여기에 영향을 미친 것이 송대 주자에 의해 집대성된 성리학이다. 따라서 주자에 의해 강조되었던 '소학(小學)'·'향약(鄕約)'·'가례(家禮)'가 동시에 주목되고 이에 대한 연구와 실천을 중요시하게 되었다.

의령에서도 성리학의 보급과 확산에 따라 새로운 유교적 질서를 향촌사회에 정착시키기 위한 노력들이 진행된다. 의령에 정착한 사족들은 그 당시 확산되어 가던 유교적 윤리를 몸소 실천하며 의령지역 내에서 자신들의 영향력을 키워가고 있었다. 유교의 확산과 더불어 효와 충으로 이름을 날린 사람들도 많이 나왔다. 심지어 대를 이어 여러 사람이 국가로부터 표창을 받는 경우도 있었다. 탐진안씨 내에서도 '칠효정려각'으로 상징되듯이 이런 인물들이 많이 배출되었다.

그러나 이에 모셔진 인물들은 의령에 거주한 것은 아니었다. 그들 중 본부는 영산현에 거주하면서 효행을 실천해 국가로부터 정려가 내려졌다. 그리하여 후대의 사람들은 그 마을을 가리켜 '효자리'라고도 불렀다고 전해진다. 안도(安堵)에서 안경(安經)·안종우(安從祐)·안순민(安舜民)·안윤옥(安潤屋)·안인(安仁)까지 6대에 걸쳐 대대로 주목되는 효행을 남겨 정려(旌閭)가 내려졌고, 또 안경의 동생 안건(安乾)까지 합하면 정려가 7인에게 내려진 셈이 된다.

그런데 탐진안씨가 영산현을 떠나 의령에 들어와 정착한 이후 상당히 시간이 흘렀기 때문에 정려각이 훼손되었다. 그래서 1773년 안인의 후손인 안여석(安如石)이 이 정려각을 의령 입산리로 옮겨 세우고 이런 전통을 이어가려는 노력을 하였다.(『설산재유고』 상언초(上言草)) 그래서 후대에 와서도 효행과 열행으로 정려가 내려지는 예가 있었다. 어초정(漁樵亭) 안처극(安處極)이 모친에 대한 효행으로 정려를 받고, 안정(安錠)의 처 전의이(全義李)씨가 열행(烈行)으로 정려를 받은 것이 그 예이다.

각 지역의 사족들은 이와 같이 유교적 예를 솔선수범할 뿐만 아니라 이를 주민들에게 전파함으로써, 유교가 모든 생활에 스며들게 해야 했다. 그래서 각 지역에 있는 향교(鄕校)를 활용하였다.

의령에서도 향교는 중시되었다. 사족들은 문묘(文廟)에 제사를 지내는 것은 물론이고 향음주례(鄕飮酒禮) 등의 행사도 빈번하게 열었다. 그들은 향교의 중건에도 관심을 쏟았다. 1849년 향교 중수 후에는 현감의 명령으로 의령향교의 내력을 알리기 위해서 『교궁지(校宮誌)』를 편찬하기도 하였는데, 이를 주관한 인물이 안휴로(安休老: 1809~1881)였다.

의령에는 향교 이외에 흥학당(興學堂)이라는 교육기관이 있었다. 향교만으로는 자제들의 교육을 체계적으로 실시할 수 없다는 것을 절감한 의령의 사족들이 별도로 세운 것이다. 그것은 1797년 의암(宜庵) 안덕문(安德文: 1747~1811)이 현감 홍락수(洪樂綏)에게 제의하여 창건되었다. 의령 사림들이 향교에서 모여 이 일을 협의하고 각 문중에서 600동(銅)을 모금하였으며, 현감도 200동을 내놓았다고 한다. 여기에는 서적도 갖추고 교육에 필요한 비용을 충당하기 위한 학전(學田)도 두어 좀더 내실있는 교육을 할 수 있도록 조처하였다.

이를 바탕으로 19세기 초에는 향교와 서원에서 봄과 가을에 강회를 실시하고, 흥학당에서는 여름과 겨울에 강회하는 규정을 만들어서 시행했던 것으로 알려진다. 향교 및 서원에서는 30세 이상의 유림, 흥학당에서는 20~30세의 생도를 15명 선발하여 강회하는 것으로 했다. 흥학당의 생도는 각 면훈장이 추천한 생도 중에서

관에서 선발하였는데, 면훈장은 각 면별로 매달 유생들을 독려하고 강회를 주관하는 것으로 되어 있었다.

의령지역 사림들은 자제나 촌민의 교육을 위해 향교나 서원, 흥학재 뿐만 아니라 각 마을마다 서숙(서당)를 세우기도 했다. 서당 운영의 모습은 이미 임란 전부터 보인다. 그런데 확실한 모습을 갖춘 서당이 본격적으로 발전하는 것은 18세기 중엽이었다. 그 대표적인 예는 입산리의 고산재(高山齋)였다.

안여석(安如石)이 만년인 1778년에 입산리 뒷산 중턱에 고산재라는 서실을 세웠는데, 1804년에 중수하면서 '고산서당'이라 하였다. 탐진안씨 문중에서는 고산서당의 운영을 위해 도중에 토지 일부를 소속시키고, 유사(有司)를 정해 철저히 관리하였다. 1819년에는 촌내 각집에 있는 서적들을 모아 고산서당의 서가를 새로 꾸미고 자제들이 이용할 수 있게 책을 종류별로 분리해 보관하였다. 탐진안씨 문중에는 『고산한사(高山閒史)』라는 문헌이 보관되어 있는데, 여기에는 고산서당 창건내력과 서당의 규정에 해당되는 '서당정식(書堂定式)' 등 고산서당과 관련된 여러 가지 사항이 기록되어 있다.

| 고산재중수기 : 고산재가 세워진지 70여 년이 지나서 다시 중수하게 된 내용을 기록한 것으로 안처정(安處貞)이 지었다.

서당들 중에는 오래 운영되지 못하고 폐지되는 경우가 많았지만, 고산서당은 1835년, 1853년 등 여러 번에 걸쳐 중수하면서 오랫동안 서숙으로서의 기능을 유지해왔다. 1866년 조정에서는 척화(斥和)의 분위기를 고조시키기 위해 각 고을에서 강회를 개최토록 하였는데, 이때 안휴로가 6, 7개 동네의 자제들을 모아 매월 강회를 열고 이 내용을 '고산강록(高山講錄)'이라는 책으로 편찬하였다. 당시 관찰사가 이중 일부를 조정에 보고하기 위해 가져갔고, 한 권은 성재(性齋) 허전(許傳)이 서문을 쓰기 위해 가져가는 등 세간의 주목을 받기도 했다.

의령지역의 사림들은 교화를 위해 향약도 실시하였다. 향약은 원래 중국의 남전여씨향약(藍田呂氏鄕約)에서 유래되어 주자(朱子)가 다듬은 것으로서, '덕이 있는 행동은 서로 권한다[德業相勸],' '허물이 있는 행동은 서로 규제한다[過失相規],' '좋은 풍속은 서로 교환한다[禮俗相交],' '어려운 일을 당하면 서로 돕는다[患難相恤]' 등을 기본 강령으로 해서 여러 조목들이 첨가된 향촌자치 규약이었다.

우리나라에서는 중종 12년(1517) 조광조를 비롯한 사림 관료들이 건의하여 전국적으로 시행되게 되었다. 그러나 훈구파의 반격으로 일어난 기묘사화(己卯士禍)로 인해 그 시행은 중단되고 말았다. 뒤에 와서 퇴계(退溪) 이황(李滉)과 율곡(栗谷) 이이(李珥)에 의해 '예안향약(禮安鄕約)' · '서원향약(西原鄕約)' 등이 만들어져 해당 지역에서 개별적으로 시행되면서, 이것이 모범이 되어 각 당파별로 다른 지역에도 확산되어 갔다.

의령에서는 향약이 고을 전체적으로 실시되는 경우도 있었지만, 일부 특정 면(리)에서 그 자체로 실시하는 경우, 즉 동약(洞約)도 적지 않았다. 그 대표적인 예가 '한천동약(寒泉洞約)'과 '금란계(金蘭稧)' · '화양리동약(華陽里洞約)'이다. 일시적으로 시행되다가 와해되어 버렸던 다른 동약과는 달리 이 동약은 수백 년 이상 지속적으로 실시되어 왔다.

입산리의 탐진안씨와 관련된 금란계의 참여 범위는 참여자의 가문별 분포도를 볼 때, 대체적으로 옛날의 부산면(富山面)이었을 것으로 추측된다. 부산면의 범위는 지금의 부림면 경산리 · 입산리 · 단원리 · 손오리 · 대곡리 · 여배리 등지였다.

| 금란계 동안 : 금란계에 참여한 회원을 기록한 책자. 수백년간 실시되어 책수로 13책에 달한다.

이 금란계에 참여한 인물과 규약이 기록된 『동안(洞案)』은 1629년부터 시작되는데, 동약이 실시되기 시작한 것은 이보다도 시기가 거슬러 올라간다. 『동안』 제1권의 앞머리에 실려 있는 입의(立議)의 서문(序文)에 의하면, 이미 1629년 이전부터 동약이 실시되고 있었는데, 이 무렵에 와서 그것이 해이해졌다고 한다. 따라서 동약 창건의 구체적인 시기는 알 수 없지만, 임진왜란으로 황폐해진 이후 사람들이 같이 모여 서로 도우며 살았다는 것으로 보아 임란 이후 얼마 안 된 시기일 것으로 추측된다.

이 입의와 서문은 지헌 안기종이 쓴 것으로 알려져 있다.(『지헌실기』 이약입의(里約立議)) 그동안 이 동약을 주도해 왔던 성씨는 탐진안 · 철성이 · 전의이 · 인천이 · 청주한씨 등과 본관을 알 수 없는 정(鄭)씨 등이었다고 한다. 따라서 금란계 실시 초창기부터 일부 유력

성씨와 함께 탐진안씨가 이를 주도해 갔던 모습을 살펴볼 수 있다.

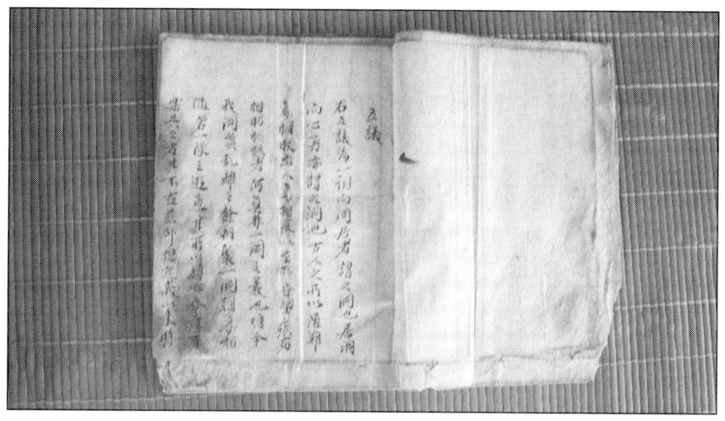

| 금란계 입의 : 금란계 규약에 대한 서문으로 안기종이 지었다.

이 동약도 과실상규(過失相規)와 혼인 · 장례 때의 부조를 주요 내용으로 하고 있다. 그리고 악행(惡行)에 대한 벌칙을 상 · 중 · 하의 등급으로 나누어 상벌은 영원히 마을에서 추방하는 것으로 되어 있었다. 그런데 1803년부터는 상호부조 면에서 관대(冠帶) · 교자(轎子) 등의 기물을 비치해서 공동으로 이용하는 방식을 새롭게 취하고 있다.

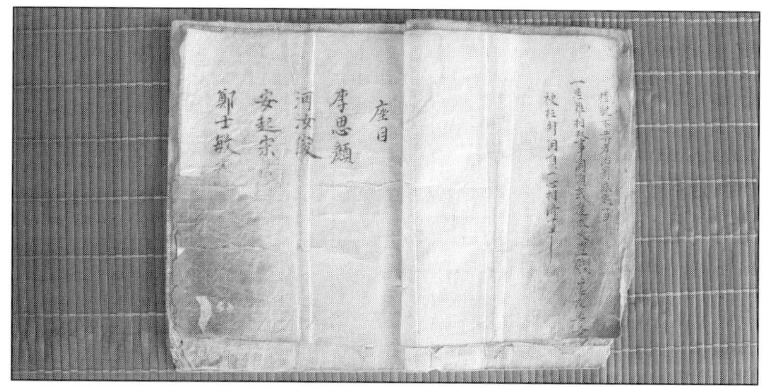

座目
李思顯
河汝俊
安起宗
鄭士敏

| 금란계 좌목 : 참여자 명단으로 이 곳에 안기종이란 이름도 기록되어 있다.

‖ 표6 금란계의 시행 시기와 동안 내용 ‖

| 동안 제작시기 | 좌목 신정 및 추가 | 비 고 |
|---|---|---|
| 『동안』 1권(1629) | 1646년 | |
| 『동안』 2권(1680) | 1699년까지 수차 | 입의, 입규, 동내완의 |
| 『동안』 6권(1758) | 1768년 | |
| 『동안』 4권(1786) | 1793, 1803년 | |
| 『동안』 7권(1803) | 1804~1813년 4차 | 완문 |
| 『동안』 5권(1813) | 1818년 | |
| 『금란계』 8권(1818) | 1819년 | 완문 |
| 『금란계』 9권(1822) | 1823, 1826년 | |
| 『금란계』 10권(1827) | | |
| 『금란계』 11권(1834) | 1840~1855년 4차 | 완문, 완의문 |
| 『금란계』 12권(1859) | 1864~1905년 8차 | 완문 |
| 『금란계』 13권(1911) | 1913~1969년 7차 | 완문 |

* 『동안』 제3권은 도중에 분실되어 현재는 찾아볼 수 없다.

| 금란정 : 금란계 회원이 모여 일을 논의하던 곳이다.

이 동약은 조선왕조의 유교질서가 무너지고 일제 치하에 들어갔을 때도 깨지지 않고 지속되었다. 해방 이후인 1969년까지도 동안 참여자의 명단이 새로 만들어지고 추가되고 있다. 일제시대인 1940년에 와서는 이 금란계의 『동안』 및 관련 문헌을 보관하고 모임의 장소도 확실히 하기 위해 금란당(金蘭堂)을 창건하기도 하였

다.(『성암집(惺菴集)』 금난당창건사실기(金蘭堂刱建事實記)) 이와 같이 동약이 끊이지 않고 해방 이후까지도 지속되었던 예는 흔하지 않아 매우 주목된다.

이와 같이 향촌사회에 유교적 윤리와 이념을 확산시켜 나가려는 양반사족들의 노력들이 여러 가지 방면으로 경주되면서, 유교문화는 우리 향촌사회에 뿌리내리게 되었다. 이들은 이를 통해서 향촌사회에서의 자신들의 지배적 지위를 누려나갈 수 있었던 것이다.

이러한 모습은 『의령향안(宜寧鄕案)』에서도 나타난다. 원래 조선왕조 이래 새로운 향촌사회의 질서를 장악해 가던 양반 사족층은 향리와 주민들을 통제하고 수령을 적절히 견제하기 위해 유향소(留鄕所)를 만들어 운영하였다. 사족들은 유향소와 향회(鄕會)에 참여해서 향촌사회의 유교적 질서의 확립과 그 이외에 향촌사회의 제반 사항에 대한 공론을 수렴하고 중요 문제에 관한 의결권을 행사하였다. 여기에 참여할 수 있는 자는 향원(鄕員)이라 해서 신분 등에 하자가 없는 명문 사족가문 출신으로 한정하였는데, 이 향원의 명단을 수록한 것이 향안이다.

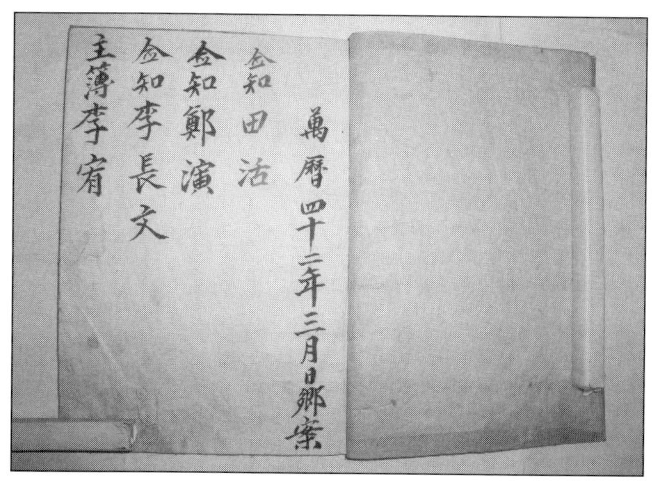
萬曆四十二年三月日鄕案
僉知田活
僉知鄭演
僉知李長文
主簿李宥

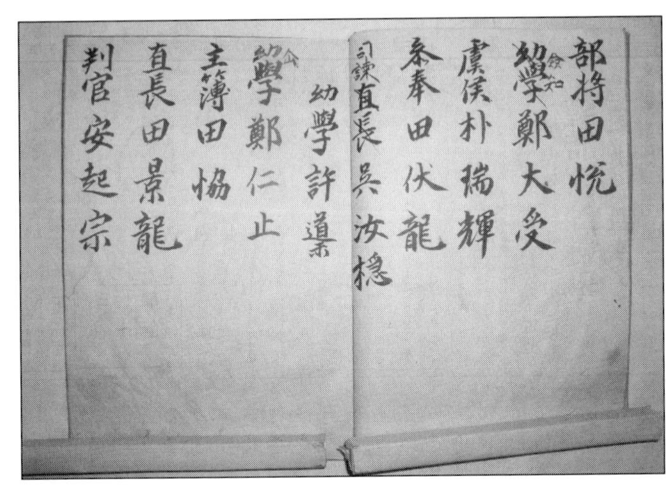
部將田愰
僉知 幼學鄭大受
虞候朴瑞輝
參奉田伏龍
司諫 直長吳汝穩
幼學許遵
僉知 幼學鄭仁止
主簿田協
直長田景龍
判官安起宗

| 의령향안 : 향안 중 1614년의 것으로, 안기종이 기록되어 있다.

그런데 1618년의 『의령향안』을 보면, 의령남씨 이외에는 토성은 없고 전부 외래 성씨로 구성되어 있다. 진양강씨가 14인으로 가장 많고 담양전씨가 9인으로 그 다음이었다. 탐진안씨도 분성배 · 철성이 · 현풍곽 · 초계정 · 진양정 · 경주이 · 전의이 · 창녕조 · 청송심 · 안악이 · 고창오씨 등과 함께 여기에 수록되고 있다. 이러한 가문들은 조선 중기 이후 의령에서 당당한 사족가문으로서 이 지역에 상당한 영향력을 행사하고 있었던 셈이다.

② 의령 탐진안씨의 학문적 맥

조선 중기 이후 성리학이 본격적으로 발전해 갈 때, 영남지역에서는 좌도의 퇴계 이황과 우도의 남명(南冥) 조식(曺植)이 대략 낙동강을 중심으로 좌도 · 우도 지역으로 나누어 각 지역의 유림들에게 영향을 미치고 있었다. 퇴계와 남명은 같은 성리학의 입장에 있으면서도 그들의 학풍에는 많은 차이가 있었다. 학문적 경향에 있어서는 퇴계가 이론적으로 깊이 연구하고 철저하게 주자를 따르며 그렇지 않은 것에 대해서는 배척하는 경향이 강한 데 반해, 남명은 이론적인 것에 깊이 들어가지 않고 다른 사상에 대해서도 개방적이었다. 사회실천의 면에서는 퇴계가 벼슬에 나아가고 은거하는 것에 어느 정도 신중한 모습을 보이면서도 시국에 대해 온건한 태도를 견지하는 데 반해, 남명은 이에 대해 매우 과단성있는 태도를 보이고 있었고 시국문제에 대해서도 과격할 정도로 서슴없이 비판하는 성향을 보이고 있었다.

특히 남명의 사상은 실천적인 '경의(敬義)' 사상을 기본으로 하고 있었다. 이러한 남명의 사상과 기질은 진주를 중심으로 한 우도지역에 압도적인 영향을 미치고 있었다. 진주 인근에 있는 의령의 사림들도 마찬가지로 남명을 영향을 많이 받았다.

남명은 중년에 의령에서 가까운 삼가에 오래 거주하고 있었기 때문에 의령의 사림들과 일찍부터 교유가 이루어지고 있었다. 『덕천사우연원록(德川師友淵源錄)』에 의하면 의령에서는 강응두(姜應斗), 강응규(姜應奎), 강우(姜瑀) 등이 남명과 교유한 것으로 나타난다. 특히 강응두는 남명과 같은 나이로 남명과의 교유가 밀접했다. 이제신(李濟臣), 이로(李魯), 곽재우(郭再祐), 오운, 이종영(李宗榮) 등 남명의 문인도 적지 않았다. 남명 서거 후 진주 덕산에는 남명을 모시는 덕천(德川)서원이 세워졌는데, 남명의 제자들과 사숙인(私淑人)은 이를 중심으로 강력하게 결속해 가고 있었다.

물론 퇴계도 한때 의령에 와 있기는 했지만, 의령 사림들을 제자로 둔 경우는 드물었다. 의령에 한때 거주하던 오운(吳澐)만이 남명의 제자이면서 퇴계의 제자를 겸할 정도였고, 그 이외에는 퇴계와 학문적 인연을 맺었던 경우는 찾아 볼 수 없다.

퇴계와 남명이 세상을 떠난 후 중앙 정계에서는 동·서, 남·북 등 당파가 갈려 서로간의 쟁투가 벌어지기 시작했다. 이때 남명학파는 처음에는 동인의 입장에 있었고, 동인이 분열되자 북인, 그중에서도 대북의 입장을 취하였다. 남명학파를 중심으로 한 대북세력은 선조 말 이후, 특히 광해군대에 가서는 정권을 완전히 장악하게 된다. 이에 압도적인 영향을 미치고 있던 인물이 내암(來庵) 정인홍(鄭仁弘)이었다. 그런데 대북정권이 당시의 성리학적 논리에서 볼 때 결정적인 실정을 저질렀다. 그 하나가 명나라와 만주족이 세운 청나라에 대해 중립정책을 취한 것이었고, 다른 하나가 이른바 '폐모살제(廢母殺弟)' 였다.

이런 상황에서 1623년 서인이 주도하는 인조반정이 일어나 대북정권은 무너지고 이에 참여하고 있던 정인홍을 중심으로 한 남명학파는 대대적으로 숙청되었다. 이후 남명학파는 상당히 침체될 수밖에 없었다. 특히 정인홍에 대한 비판 분위기때문에 남명학파는 남명학통을 잇는 정통의 맥이 정인홍 대신에 한강(寒岡) 정구(鄭逑)에게 이어지는 것으로 간주하였다. 정구는 남명의 제자이면서 동시에 퇴계의 제자였고, 당시 남인을 영도하고 있었다. 따라서 남명학파는 대거 남인화되어 갔다. 그러나 일부 가문은 여러 가지 이유때문에 서인화되어 갔고 그 수도 후대로 가면서 점차 늘어났다.

게다가 영조 4년(1728)에 일어난 무신란에 경상우도 안의를 중심으로 인근 고을 사족들이 주도적으로 참여하였다가 진압되었다. 이를 계기로 남명사상이 잘못되었기 때문에 그 학파에서는 정인홍과 같은 이단자도 나오고 반란자도 나온다는 논리까지 제기되었다. 이렇게 해서 진주를 중심으로 한 경상우도는 반역향인 것처럼 취급되는 지경에 이르고 말았고, 남명학풍은 더욱 침체될 수밖에 없었다.

그런 와중에서 의령지역 각 가문의 인물은 자신의 학문과 입지를 위해 자신이 속한 당파의 유명 인물에게서 학맥을 이어가려고 노력하고 있었다. 남인의 경우 한 때 의령과 인연을 맺었던 미수(眉叟) 허목(許穆), 성재(性齋) 허전(許傳: 1797~1886) 등 기호 남인이나 입재(立齋) 정종로(鄭宗魯: 1738~1816)→정재(定齋) 유치명(柳致明: 1777~1861)→한주(寒洲) 이진상(李震相: 1818~1886) 등으로 이어지는 영남 퇴계학파 호파(虎派) 학통의 인물에게 학맥을 연결시키려고 하고 있었다. 이외에 응와(凝窩) 이원조(李源祚: 1792~1872), 척암(拓庵) 김도화(金道和: 1825~1912: 정재 문인), 서산(西山) 김흥락(金興洛: 1827~1899: 정재 문인), 대계(大溪) 이승희(李承熙: 1847~1916: 이진상의 자), 면우(俛宇) 곽종석(郭鍾錫: 1846~1919), 긍암(肯菴) 이돈우(李敦禹: 1807~1884), 사미헌(四未軒) 장복추(張福樞: 1815~1900), 만성(晩醒) 박치복(朴致馥: 1824~1894), 만구(晩求) 이종기(李種杞: 1837~1902), 농산(農山) 장승택(張升澤: 1838~1916), 회당(晦堂) 장석영(張錫英: 1851~1929) 등 영남의 유명 인물에 맥을 대고 있었다.

의령의 탐진안씨도 남인의 입장을 취하고 있었는데, 위에 언급된 인물들과 교유하거나 사제관계를 맺었던 탐진안씨 인사들을 보면 다음과 같다.

입재 문인 : 안덕문(1747~1811), 안처신(安處信:1771~1830)

정재 문인 : 안영로(1797~1846), 안처정(安處貞:1810~1875)

응와 문인 : 안휴로(1809~1881)

성재 문인 : 안효제(1850~1916)

긍암 문인 : 안휴로(1809~1881)

서산 문인 : 안효제(1850~1916)

만구 문인 : 안효제(1850~1916), 안방로(1852~1938)

그런 가운데서도 남명학파의 맥을 잇고 있던 경남 서부지역 사림들은 남명을 현창하기 위한 노력을 지속적으로 전개해 왔다. 『남명집』에서 정인홍과 관련된 부분이나 남명이 비난받을 여지가 있는 문구를 고치는 작업도 여러 차례 진행해 왔다. 남명을 문묘에 배향시키려는 경상우도 사림의 노력도 오랜 시기에 걸쳐 전개되었다.

의령지역 인사들도 남명이나 덕천서원, 산천재(山天齋)에 대해 관심이 사라진 것은 아니었다. 이중 남명 현창에 대해 다른 방면으로 각별한 노력을 했던 사람이 의암 안덕문이다.

그는 진주 등 다른 고을들의 인사들과 덕천서원의 제례행사에 꾸준히 참여하고 있었다. 그는 남명도 회재(晦齋) 이언적(李彦迪)이나 퇴계와 함께 같은 수준에서 숭상되어야 하는데, 그렇지 못한 것을 안타깝게 생각했다. 그래서 퇴계를 모시는 도산(陶山)서원과 회재를 모시는 옥산(玉山)서원, 그리고 덕산에 있는 덕천(德川)서원('德山' 서원이라 칭한 적도 있음)을 배알하면서 주위의 다른 명현의 유적과 명승을 돌며 그 기행문을 작성하였다. 여기에는 곳곳에서 만난 명사들과 시를 주고 받은 것도 담겨 있다. 그리고 그 제목을 세 서원 이름의 '산'을 따서 '삼산록(三山錄)'(내제: 三山院記)이라 했다.

| 삼산록 : 안덕문이 조산 · 옥산 · 덕산 서원을 돌아보며 쓴 기행문이다.

이것은 의도적으로 세 서원을 동격으로 하고 회재 · 퇴계 · 남명을 동격의 반열에 놓는 형태를 취한 것이었다. 그리고 세 서원의 경승을 화공을 시켜 그리게 하고 그림에 덧붙여지는 시도 지어서 거기에 첨가했다. 그리고 이것을 영남지역 유명 인사들에게 보여 서문이나 시, 서평 등을 받아내어 그것도 부록으로 실었다.

이 책의 서문은 입재 정종로가 지었는데, 이 글에서 그는 안덕문이 이러한 책을 편찬한 것을 대단히 칭송하고 있다. 후에 이조참판 허전(許傳)이 안여석(安如石), 안덕문 부자의 덕행을 소개하는 상언(上言)에서도 안덕문의 '삼산원기'에 대해 칭송하는 글이 실려 있다. 그런데 『삼산록』 제1권 말미에는 다음과 같은 글이 실려 있다.

회재 · 퇴계 · 남명 삼 선생은 세상에 같이 태어났다. 또한 도덕 · 문학에 있어서도 상하의 차이가 없었다. 다만 성묘(문묘)에 올라 제향되는 것에서만 남명옹이 지금까지 홀로 빠져 있으니 일에 때가 있고 때에 기다림이 있기 때문인가. 선배들 때에 상소문을 올려 문묘에 제향할 것을 청한 것이 영남이 일곱 차례, 호서가 여덟 차례, 호남이 네 차례, 관학(館學: 성균관)이 모두 열두 차례, 개성부(開城府), 옥당(玉堂) 양사가 각 한 차례, 모두 합쳐서 서른 여섯 차례였지만, 끝내 임금님의 윤허를 받지 못하고 그냥 수백 년이 되었고 사론이 쓸쓸하였다. 지난 해에 단성과

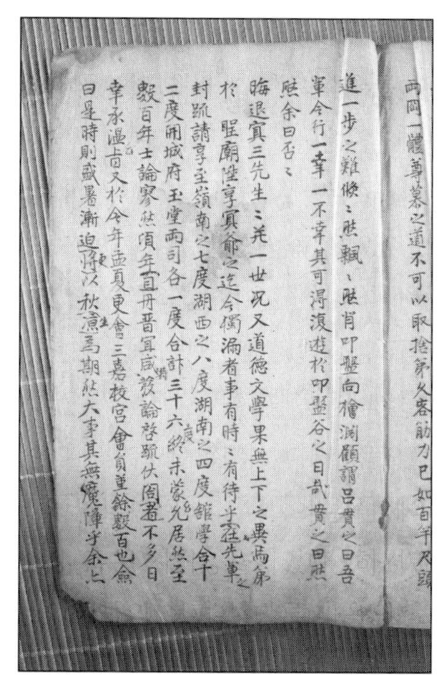

兩岡一體尊慕之道不可以取捨第久客筋力已如百年尺蹏
進一步之難倏倏然飄飄然肖叩盤向檜淵顧謂呂貴之曰吾
軍今行一幸一不幸其可得復遊於叩盤谷之日哉貴之曰然
然余曰否否
晦退冥三先生並一世況又道德文學果無上下之異而
於聖廟陞享冥翁之迄今獨漏者事有時時有待乎在先輩之
封疏請享至嶺南之七度湖西之八度湖南之四度館學合十
二度開城府玉堂兩司各一度合計三十六終未蒙允居然至
數百年士論寥然頃年丹城晋州宜寧咸陽發論啓疏伏閤者不多日
幸承溫旨又於今年孟夏更會三嘉校宮會員垂餘數百也僉
曰是時則盛暑漸迫將以秋凉爲期然大事其無魔障乎余亦

| 삼산록 발문 : 이 글에서 안덕문은 남명 조식이 제대로 평가받지 못했음을 한탄했다.

진주, 의령, 함양에서 논의를 내어 상소를 올리고 복합(伏閤)하였는데, 날이 많이 지나지 않아 임금님의 따뜻한 뜻을 받게 되었다. 또한 금년 한 여름에 삼가 향교에서 다시 모였는데 회원이 거의 수백이 되었다. 모두 말하기를 "지금은 큰 더위가 점차 닥쳐오니 장차 가을 서늘할 때를 기약해야 할 것이다. 그러나 큰 일에 나쁜 장애가 없겠는가"라 하였다. 나도 역시 참석하였는데, 삼산을 떠받드는 데 지성을 다하는 것이 어찌 다른 사람에 뒤지는 것이겠는가.

### 3) 산업의 변화와 탐진안씨의 대응

전근대 사회는 농업을 기반으로 한 자급자족 사회였다. 그런데 시대가 흐르면서 농업기술이나 경작방법에 있어서 상당한 발전이 이루어졌다. 고려 말 이후 시비법(施肥法)이 발전하면서 매년 농사를 지을 수 있는 연작상경법(連作常耕法) 단계로 나아가게 된 것은 그 중요한 징표이다. 또 인구가 점차 늘어나면서 도처에서 새롭게 토지 개간이 이루어졌다.

의령지역도 이런 변화과정에 놓여 있었다. 『세종실록지리지』에 의하면 의령현의 '토지는 비옥하고 기후도 따뜻하다'고 되어 있듯이 농사짓는 데 매우 좋은 조건을 갖추고 있었다. 당시 의령현에서 개간된 토지는 모두 3,558결(結)이었고 이중 수전(水田: 논)이 2/3 정도를 차지하였다고 한다. 그리고 의령의 토질은 벼 · 보리 · 밤 · 감 · 배 · 뽕 · 마포 · 저포 · 목면 등의 재배에 알맞다고 기록되어 있다.

의령에서도 후대로 오면서 물을 대기 위해 강을 가로질러 조성하는 보(洑)가 여기저기에 만들어지면서, 산 기슭에 있는 토지뿐만 아니라 강 하류 저지대에 있는 습지도 둑을 조성해 경작지로 전환해 가기 시작했다. 이렇게 해서 의령의 경작지도 많이 늘어났다. 1830년대의 『경상도읍지』에는 경자양안(庚子量案: 1720)을 기초로 의령현의 토지를 총 6,086결로 기록하고 있는데, 이를 보면 조선 전기에 비해 토지가 대폭 늘어난 것을 알 수 있다.

그런데 의령은 동쪽은 낙동강, 남쪽은 남강이라는, 유역면적이 넓은 큰 강을 끼고 있어서 걸핏하면 강 연안의 토지가 물에 잠기고 토사에 휩쓸려 사라져버리는 경우가 많았다. 그래서 이상정(李尙靖)은 의령이 "경계에 큰 강을 접해 있어 매년 양쪽으로 물이 포위해서 올라오는 재앙을 당한다"고 하였고, 권사학도 수령에게 보낸 편지에서 토지측량의 어려움은 1815년 홍수에 반천(反川)이 된 곳과 토지의 태반이 강에 연접해 있다는 것이라고 하였다. 그래서 안덕문(安德文)도 정조(正祖)의 구언농서(求言農書)에 대응해 올린 상소에서 "산에 수목을 잘 가꾸어야 산사태를 막고 제언이 견고해진다"는 점을 무엇보다도 강조하였다. 이같이 의령의 농사상황은 자연적인 재해로 인해 아직은 불안정한 모습도 보이고 있었다.

낙동강으로 흘러드는 유곡천 연변에 있던 입산마을도 마찬가지였을 것이다. 그런데 유곡천은 원래 탐진안씨들이 많이 사는 입산과 수축 마을 바로 앞으로 굽어 흐르고 있었고 인공적인 둑이 만들어져 있지 않아서 큰 비가 오면 물이 넘쳐 마을의 집들도 피해를 입을 수밖에 없는 상황이었다. 그래서 조선 말기부터 마을 앞 상당히 떨어진 곳에 인공적인 둑을 쌓아 강이 마을에서 멀리 떨어져 반듯하게 흐르도록 하고 둑과 마을 사이에 조성된 넓은 습지는 토지로 개간하였다. 이 토지는 탐진안씨가 상당한 부를 축적하는 데 중요한 기초가 되었다고 전해진다.

조선 후기에 오면 생산력이 발전하고 산업도 분업화되어 감에 따라 상품경제가 발달하기 시작하였다. 이런 변화는 농촌지역에도 파급되어 지방에 장시가 활성화되어 갔다. 의령지역도 마찬가지의 현상을 보였다. 서유구(徐有榘: 1764~1845)의 『임원경제지(林園經濟志)』에 의하면, 19세기 전반에 의령지역의 장시가 읍내장(3, 8일), 신반장(4, 9), 중교장(2, 7일), 마산장(1 ,6일) 4개로 나타나며, 쌀 · 콩 · 보리와 같은 농산물뿐만 아니라 면포 · 어류 · 소금 · 유기(鍮器) · 대추 등 다양한 물품들이 주된 상품으로 거래되고 있는 것으로 기록되고 있다. 이것은 이후로 가면 더욱 더 활성화되어 『의춘지』가 만들어 지는 일제시대에 가면 읍내시(3, 8일), 신번시(4, 9일), 중교시(2, 7일), 봉곡시(5, 10일), 석정시(1, 6일) 등 5개의 5일장으로 늘어난다.

이들 장시중 입산마을 인근의 신반장(신번시)은 장의 규모가 크고 번성하였다. 1901년 안익제(安益濟: 1850~1909)가 쓴 기행문인『남선록(南選錄)』에는, 신번은 옛날 관아가 있던 터로서, 거기에서 서는 장은 물류가 다양하고 번성하여 삼남 도회지의 큰 시장으로서 이름을 날렸다고 기록되어 있다. 신반장 근처에 위치한 입산마을도 이런 유통에 자극을 많이 받았을 것으로 보인다.

| 장터 · 가게터 : 한때 이곳에서 장이 열렸고 가게도 있었다고 한다.

유통이 활발해짐과 동시에 새로운 산업들도 많이 번성하게 된다. 의령지역 공업부문에서 가장 비중이 크고 각광을 받은 것은 마직물업과 지류업(紙類業)이었다. 의령의 마포는 그 유명한 안동의 마포와 맞먹을 정도로 질이 좋아 전국적으로 많이 찾았던 것 같다. 그래서 1930년대에 의령에서는 가장 각광받는 산업의 하나로서 많은 사람들이 이 산업에 종사하고 있었다.

그런데『경남일보』1910년 10월 27일자에는 마포와 함께 지류도 소개하고 있다. 그것을 인용해 보면 다음과 같다.

> 지류 : 지류는 장지(壯紙), 창호지(窓戸紙), 장판지(粧版紙), 유삼지(油衫紙), 백지(白紙: 史庫紙), 별백지(別白紙), 연초갑지(烟草匣紙),

> 입모지(笠帽紙), 병풍지(屛風紙) 등이니, 그 제조지는 같은 군 봉산, 가수, 일유곡, 이유곡, 화곡, 지산, 보림, 신반 등의 면이다, 직공은 모두 각 개인의 가족 일동이다, 자본은 정액이 없으니 각인의 수용청구에 응할 뿐이다. 제조기는 매년 9월에서 4월경까지이다. 수출지는 인천, 부산, 원산, 중국 등지.

의령의 종이류 제작은 이미 조선시대에도 알려져 있었다. 『남선록』에는 다음과 같은 기록이 있다.

> 서암(西巖) : 백암(柏巖)에서 5리 내려가면 이 동네가 있는데, 의령 땅이다. 사통오달한 거리에 가게들이 열려서 백여 호의 대촌을 이루고 있다. 종이 생산을 생업으로 하고 있는데, 부상대고(富商大賈)들이 송방(松房)을 두고 봄에 채전(債錢)을 풀고 가을에 지축을 거두어 일년 출입이 수만 금이나 된다. 이 때문에 주민들의 마음이 들뜨고 방탕해서 제대로 생계를 유지하지 못하는 자가 많다. 송방이라는 큰 장사아치가 그 이익을 모두 거두어 가버리니, 동네에서는 '소민은 닥나무 껍질을 벗기고 큰 장사아치는 백성의 가죽을 벗긴다'라는 말이 전해진다.

아마 부림면에 인접한 서암 마을을 중심으로 해서 현재의 봉수면 일대는 한지 생산이 전문화되어 있고 질이 좋아서 전국적인 상품으로 각광을 받고 있었던 것 같다. 그래서 큰 자본을 가진 송방 등 장사꾼들이 몰려들었을 것이다.

일제시대에는 한지에 대신해서 양지가 많이 쓰이고 있었기 때문에 한지 산업이 좀 위축된 경향을 보이긴 하지만, 상당히 발전하고 있었다. 의령에서는 1930년대에 제지업에 종사하는 자가 65명, 그 중에 업주가 15명 직공이 54명이었다. 아직 가내공업 수준을 크게 벗어나지는 않았지만, 이 당시에도 상당한 수가 이 제조업에 종사하고 있었던 것이다.

이런 가내공업 수준의 제지업에서도 1920년대 후반에 가면 새로운 변화가 나타나 조합형태를 띤 큰 규모의 사업장이 갖추어지기 시작한다. 부림면과 접한 봉수면에 제지산업조합이 만들어진 것이다. 여기에 참여한 인물들이 누구였는지 알 수 없지만, 새로운 산업발전에 관심을 가진 입산마을의 탐진안씨 인물들도 참여하고 있었다.

그런데 이 조합이 도중에 운영이 잘못되어 많은 부채를 안게 되어 불량조합으로 낙인찍히게 되었다. 그래서 1940년 4월 조합원들의 정기총회에서 현안을 토의하고 새로운 조합장을 선출하였는데, 그 새 조합장이 탐진안씨 출신의 안국제(安國濟)였다.(『동아일보』 1940년 4월 28일자)

이 조합이 그후 어떻게 되었는지는 자세히 알 수 없다. 1941년에 가면 이와는 별도로 탐진안씨 가문의 인물이 중심을 이룬 새로운 제지조합이 만들어졌다는 것만 알 수 있을 뿐이다. 이 조합의 규약을 간추려 보면 대략 다음과 같다.

* 사무소는 부림면 입산리에 둠.
* 본 조합은 생활필수 섬유품의 증산을 계획하고 수용공급을 원활케 함을 목적으로 함
* 자본금은 2만원, 구수 1천, 1구의 금액은 20원.
* 역원 : 조합장 1, 이사 3(상무이사 1), 감사 2, 평의원 약간명, 서기 약간명.
* 조합은 다음 사업을 영위함: 각종 지류 제조, 판매, 생산자금융통, 원료매입, 기타 본조합의 목적을 달성하는 데 필요한 사업.(『의령제지조합규약(宜寧製紙組合規約)』(1941년))

이 조합의 임원진을 보면, 조합장은 안상록(安相祿), 상무이사는

안경일(安炅日), 이사는 안국제(安國濟) · 김○환(金○煥) · 안병제(安炳濟) · 이윤두(李潤斗), 감사는 안동제(安東濟) · 안용제(安瑢濟)로 되어 있다. 조합장을 비롯해 많은 인물들이 탐진안씨 출신인 것을 보면, 탐진안씨 문중의 이 사업에 대한 관심이 어떠했는지를 짐작할 수 있을 것이다.

입산마을의 탐진안씨는 이외에도 옹기 가마터를 조성하여 다른 사람에게 세를 주어 운영하게 하였고, 양조장 경영을 통해서도 상당한 부를 축적해 가고 있었다. 입산마을에서 조금 떨어진 낙동강 연변의 박진나루 부근에는 여러 기의 옹기 가마터가 있었다. 여기에서 제조된 옹기들은 박진나루에서 낙동강을 따라 연변의 여러 고을의 시장으로 수송되어 매매되었다. 창녕 남지의 시장이나 부산 구포의 시장에도 이 물건들이 상당량 수송되었다고 한다. 그리고 안동제(安東濟)는 마을 입구에 양조장을 세워 운영하였는데, 그 규모가 주위의 다른 업체보다 작지 않았다고 한다.

| 박진나루 : 입산마을의 안씨가 이 곳을 통해 낙동강 연안 여러 고을의 물품을 교역했다. 위쪽으로는 옹기 가마터가 있었다.

### 4) 외세 침략에 대한 저항운동과 사회운동

① 임진왜란 때의 의병활동

의령은 임진왜란 때 가장 먼저 의병활동이 일어났던 고을이다. 망우당(忘憂堂) 곽재우(郭再祐)가 의병활동을 시작한 이후 많은 가문의 인물들이 장정과 재산을 동원하여 의병활동에 참여하였다. 탐진안씨 가문에서도 마찬가지였다.

일본이 원정군을 편성해 1592년 4월 14일 병력 제1진을 부산포에 상륙시키면서 임진왜란이 시작되었다. 소서행장(小西行長) 등을 대장으로 하고 휘하 1만8천여명의 병력으로 구성된 왜군 제1진은 부산과 동래성을 함락하고, 그 뒤 별 저항을 받지 않고 양산 · 밀양을 거쳐 대구로 향하였다. 그 뒤 19일부터 후속 병대들이 속속 상륙하여 일부 병력을 남겨두고 후방을 지키게 하면서 북상하였다.

이러한 급보를 접한 서울에서는 순변사(巡邊使) 이일(李鎰)과 도순변사(都巡邊使) 신립(申砬)이 이끄는 부대로 왜병을 저지하려 했으나 24일과 27일 왜군에 의해 궤멸되었다. 이에 따라 왕은 평양으로 피하면서 명나라에 원병을 요청하는 한편, 왕자를 각도에 나누어 보내 징병하기로 하였다. 그러나 5월 2일 소서행장의 왜군이 서울에 입성하자 왕은 다시 의주로 피난하였다.

이러한 상황에서 제일 먼저 유린당했던 경상도에서는 왜군이 거쳐간 좌도지역 뿐만 아니라 우도지역의 낙동강 연변의 고을에서도 왜군의 진입 소식만 듣고 수령 이하 관군이 흩어져 여기저기로 숨어 버리는 경우가 많았다. 당시 의령지역에서도 현감 오응창(吳應昌)이 왜란이 일어난 직후 일찍이 관아를 비우고 김해로 가서 거기에서 전투에 참여하였다가 전사하였기 때문에 관아가 비어 있는 상태였다.

이런 상황에서 4월 22일 의령지역의 곽재우가 의병의 기치를 들게 되었다. 곽재우가 거병할 때까지만 해도 아직 의령지역에는 왜병이 들어오지 않은 상황이었다. 거병 직후인 4월 27일경 창원에 잔류하던 왜적 40여 기가 피난하는 사람들을 추격하여 강물을 거슬러 건너와 의령 신반을 약탈하고 의령 읍성까지 들어와 관아와 성문을 불지르고 삼가, 합천 방면으로 이동했을 뿐이다.

이후 초유사 김성일(金誠一)이 곽재우의 의병활동을 격려함으로써, 곽재우의 의병부대는 보다 적극적인 활동을 할 수 있게 되었다. 그 이전에 비해서 지휘하는 군사의 규모가 커지고 군사 활동의 양상 또한 이전과 달라졌다. 그는 세간리를 중심으로 낙동강과 남강 연변 요충지에 여러 부대를 배치해, 왜병의 의령 침입과 낙동강을 통한 이동을 차단하고 있었다. 이즈음의 곽재우 휘하 군사 조직의 내용을 『용사일기(龍蛇日記)』에서 옮겨보면 다음과 같다.

> 의령에서는 윤탁(尹鐸)이 삼가군을 거느리고 용연(龍淵)에 주둔하고, 심대승(沈大承)은 본현(宜寧)의 군사를 거느리고 장현(長峴)에 주둔하고, 심기일(沈紀一)은 정호(鼎湖)의 배를 지키면서 강을 건너는 것을 기찰하고, 안기종(安起宗)은 유곡(柳谷)에서 복병(伏兵)을 설치하고, 이운장(李雲長)은 낙서(洛西)를 관장하고, 권란(權鸞)은 옥천대(玉川臺)를 차단하고, 목사 오운(吳澐)은 백암(白巖)에서 수병하고, 곽대장(郭大將)은 세간(世干)에 군사를 주둔시키며 가운데에서 통제하였다.
>
> 좌로는 낙동강, 우로는 정호(鼎湖) 연변의 상하 60리에 망군(望軍)을 빽빽히 두어서 정보가 있으면 바로 달려가서 혹은 공격하고 혹은 축출하니, 왜적이 함부로 날뛰지 못하여 남아 있는 백성들이 믿고 농사를 지을 수 있게 되었다.

위의 인용문에 의하면, 탐진안씨 문중의 안기종도 복병장으로서 유곡에서 낙동강을 방어하는 역할을 하였던 것으로 보인다. 이때 유곡이 어느 곳을 의미하는지 구체적인 기록이 없어서 단정할 수는 없다. 유곡은 의령현의 19개 면중 유곡면(구 미요면)을 가리킬 수도 있고 지산면에 속해 있던 유곡촌을 가리킬 수도 있다.

그러나 곽재우를 비롯한 여러 의병장들이 역할을 분담하여 의령을 둘러싸고 있는 남강과 낙동강 연변의 요충지에 포진해서 적들이 의령으로 들어오거나 낙동강, 남강을 따라 이동하지 못하게 하였던 곳으로 보아 낙동강 연변에 있는 지점일 것으로 추측된다. 따라서 안기종이 군사들을 매복시켰던 곳은 부산면과 접해 있던 지산면의 가장 북쪽에 있는 마을인 유곡촌의 어느 지점일 것으로 보인다.

| 유곡산성 : 낙동강을 접한 낮은 구릉으로, 위에 평평한 지역을 둘러 성이 쌓여 있었다. 이곳에 안기종 부대가 주둔하면서 왜병을 막았다.

『의암집』의 '박진산성억홍의장군(朴津山城憶紅衣將軍)' 이라는 시와 『의춘지』 '경산리' 조, 안휴로의 『심암만록』 '박진선유기(泊津船遊記)' 에는 박진나루 남쪽에 바로 접해 있고 낙동강에 접해 있는 조그만 산에 있는 성터를 곽재우가 방어하던 거점으로 기록하고 있다. 강쪽으로는 절벽이 형성되어 있고 꼭대기는 평평하여 많은 사람들이 머물 수 있는 곳이며, 성터의 흔적이 지금까지 남아 있기 때문이다. 이곳은 현재 지산면 유곡촌의 바로 북쪽에 접해 있고 유곡산성이라 불리고 있다.

그런데 곽재우는 세간리에 머물면서 여기저기에 배치되어 있는 여러 부대를 총괄해서 지휘하였기 때문에, 유곡산성은 곽재우의 활동과 연결짓기 보다는 안기종의 부대가 주둔했던 곳으로 보아야 할 것이다. 즉 안기종은 이 유곡산성에 군사들을 매복시키고 낙동강을 거슬러 올라가거나 박진나루로 진출하려는 왜적을 여러 가지 형태로 공격하여, 그들이 낙동강을 마음대로 오르내리거나 박진을 통해 의령으로 진입하는 것을 막는 역할을 하였을 것이다.

| 유곡산성터 : 현재 유곡산성의 흔적 일부만 남아있다.

② 구한말, 일제시대의 저항운동

1894년 호남지방에서 동학농민전쟁이 일어났을 때 아직은 봉기하지 않았던 경남지역에서도, 6월 말 일제가 경복궁을 점령하는 만행을 저지르자, 척왜양(斥倭洋)을 부르짖으며 동학군이 봉기하게 된다. 9월 초 하동의 동학세력이 호남지역 일부 동학군과 합세해 하동을 점령한 이후 진주를 중심으로 여러 고을에서 동학군이 활동하고 있었다. 의령지역 내에서도 여기저기서 동학군이 활동하고 있었다. 그 중에서도 가장 큰 세력을 자랑한 것이 신반지역의 동학군이었다. 『의춘지』에 의하면, 10월에 신반 임창(任倉)에 동비들이 모여 폐단을 일으키고 있어서 인심이 흉흉하였는데, 영장 권병룡(權秉龍)과 수찬 권봉희(權鳳熙), 도사 권철희(權哲熙) 등과 관군 등에 의해 격퇴된 것으로 나타난다.

1894년 6월 말 궁성을 불법적으로 점령해 친일내각을 구성하고 우리 조정에 간섭을 하며 자신들의 구미에 맞는 개혁을 촉구하던 일본은 1895년 8월에는 정계에 영향을 미치고 있던 민비가 러시아 쪽으로 기울자 민비를 시해하였다. 그리고 이어 단발령을 공포하였다. 국모시해에 분개하던 보수적 유림들은 11월 15일(양력 12월 30일) 단발령까지 시행되자, 그 다음해 1, 2월 사이에 전국적으로 들고 일어서게 된다.

의령 인근에서도 진주를 중심으로 한 노응규(盧應奎), 정한용(鄭漢鎔) 등의 의병활동이 있었다. 이는 의령에도 영향을 미쳤다. 그러나 의령지역 의병활동 자체를 자세히 전해주는 공식적인 자료는 없다. 다만 전상무(田相武)가 쓴 「적원일기(赤猿日記)」가 남아 있어 의령지역 의병활동의 일부 상황을 살펴볼 수 있다. 그러나 이 기록에서도 입산리의 탐진안씨 인물들이 어떤 입장을 취했는지는 자세히 알 수는 없고, 『송은일기(松隱日記)』에서 일부 사실을 확인할 수 있다. 즉 의령 내의 사림들이 의병활동을 위해 각 부유한 호에 많은 자금을 할당해 거두었는데, 탐진안씨 가문에서도 3호가 이 대열에 참여하였다고 한다. 그리고 진주 의병소에서 송은(松隱) 안창제(安昌濟: 1866~1931)에게 의병 활동에서 지도적 역할을 해줄 것을 부탁하였으나, 그 활동을 격려하면서도 병을 칭해 거절하였다고 한다.

탐진안씨 가문의 인물들은 이외에도 다른 형태로 일제침략에 저항하고 있었다. 수파(守坡) 안효제(安孝濟: 1850~1916)는 문과에 급제하고 여러 관직을 거쳐 사헌부 지평(持平)에 이르렀던 1893년에 관왕신녀(關王神女)라는 여자가 궁궐을 마음대로 출입하면서 궐내 분위기를 어지럽히자 이를 비판하는 상소를 올렸다. 이 때문에 왕의 진노를 사서 추자도로 유배되었다. 이후 1894년에 그는 특사되어 수찬으로 복귀하였다. 을미사변 후 단발령이 내려지자, 이용원(李容元)과 함께 대원군의 밀명을 받아 고종을 알현하여 삭발(剃髮)의 명령을 번복시키려 했으나 알현에 실패하였다. 후에 뜻을 같이 하던 이용원이 입장을 바꾸자 그와 절교하였다.

합방 직후 일제가 각 지역의 지도층 인물들에게 작위를 주거나 은사금(恩賜金)이라는 명목의 돈을 주어 회유하고 변절시키려 하였다. 안효제는 합방 소식을 듣고 산속으로 들어가 은둔하며 나오지 않을 것을 맹서하였다. 이후에 일제가 은사금을 보내오자, "나는 대한 왕의 신하로서 국가가 망하는데도 구출하지 못했으니 죽어도 죄가 남을 터인데, 원수 나라의 임금이 나에게 무슨 은혜가 있다고 이 돈을 주는가. 선비는 죽일 수 있어도 욕보일 수는 없으니, 나에게 다시 주겠다면 죽음이 있을 뿐이다." 라고 하여 단연코 거절하였다. 이 때문에 그는 창녕의 경찰서에까지 끌려가 옥고를 치르게 되었다. 그러나 그가 단식을 하자 오히려 문제가 커질 것을 우려해서 일본 경찰은 그를 석방하였다.

그의 동생으로서 무과에 급제해 부사과로 있던 송은 안창제는 청일전쟁 이후 우리 정부가 일본의 요구를 받아들여 청나라와의 관계를 청산하고 독립국을 천명하자, 상소를 올려 청을 배신하지 말 것을 요구하였다. 그 이유는 일본이 이것을 매개로 우리에게 무군지심(無君之心)을 요구할 것이고 또 우리를 이적(夷狄)의 길로 끌어가고 있기 때문이라는 것이었다. 그러나 상소내용에 문제가 된 글이 있었기 때문에 잡혀가 악형을 받고 풀려났다. 을사조약 직후에는 13도 유생과 함께 상소를 올려 을사조약 주도세력의 변명상소를 낱낱이 비판하였다. 이때 그는 상소의 대표자인 소수(疏首)로서 활약하기도 하였다.

한일합방이 되자 일본의 침략에 저항하던 일부 인사들은 해외로 망명하여 그곳에서 저항운동을 계속해 나가려는 움직임이 있었다. 의령지역의 일부 인사들도 그런 입장을 취하는 경우가 적지 않았다. 안효제는 일본의 은사금을 거절하다가 옥고를 치른 후 아무래도 국내에서는 저항운동을 전개하기가 쉽지 않을 것이라고 생각하여, 이듬해인 1911년 일본인의 감시가 소홀한 틈을 타 만주로 가려하였다. 이에 동생인 안창제는 먼저 만주로 가서 상황을 살펴보았다. 그후 형이 만주로 오자 안창제는 형과 함께 그곳에 있던 독립운동가들과 접촉하며 여러 가지 활동을 하였다.

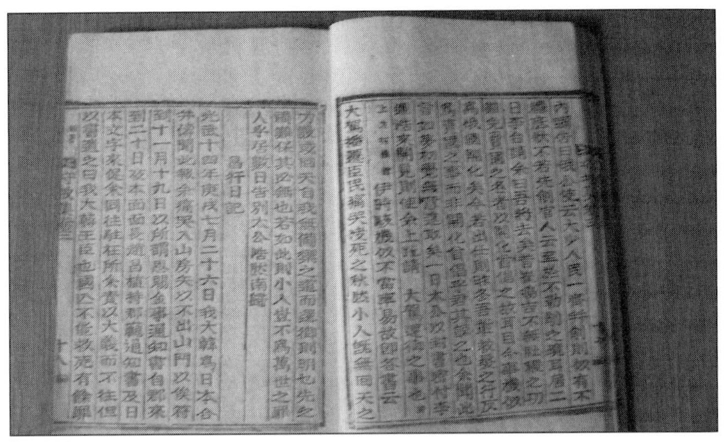

| 창안일기(昌犴日記) : 안효제가 은사금 거부로 창녕까지 끌려가 옥안에서 곤욕을 치른 과정을 날짜순으로 기록한 일기로 수파집에 실려있다.

안효재가 서거한 이후 시신을 고향으로 운구하는 문제가 논의되었는데, 안창제는 아직 독립이 안된 상태에서 국내에 묻힐 수 없다고 고집해서 그대로 만주에 묻히게 되었다. 안창제는 형의 문집 『수파집(守坡集)』 간행조차 일본 당국의 개입을 꺼려해 중국에서 간행할 것을 바라고 있었지만, 성사되지는 않은 것 같다. 그 이후 그도 중국에서 횡행하는 중국 마적대에 의해 부인과 아들과 함께

살해되었다. 그의 사위인 정방역(鄭邦繹)도 만주로 따라가 살다가 같이 살해당했다고 한다.

안효제가 죽은 후 10년 정도 지난 후인 1927년 그의 자손들과 뜻있는 유림들이 비밀리에 그의 문집을 간행하고 이를 영남 일대의 유림들에게 배포하였다. 문집에는 일제에 저항적인 내용이 많이 들어가 있어, 당시 일제의 단속을 피할 수 없을 것이기 때문이었다. 그러나 발간 부수가 적어 1943년경 다시 발간하고 전국 유지들에게 배포하였다. 이 과정에서 친일분자의 밀고로 인해 그해 12월 일제 경찰은 안씨 문중은 물론이고 전국의 『수파집』 소장자들을 체포하고 그 문집을 압수하였다. 그리고 이를 주도하였던 안위상(安渭相), 안경상(安敬相), 안여상(安呂相), 안경덕(安炅德) 등은 경찰에 끌려가 갖은 악형을 받다가 안여상은 옥사하였고, 안경상은 병보석으로 출옥하였으나 며칠 지나지 않아 사망하였다. 안위상과 안경덕도 8.15 광복 때 출옥하였으나 여독으로 신음하다가 1952년에 사망하였다. 『수파집』을 처음 간행할 때 교정작업 등에 참여하였던 입암(立巖) 남정우(南廷瑀)도 경찰에 끌려갔지만, 여러가지 저항을 하다가 74세의 노인이라 하여 풀려났다.

이에 반해 족제인 안희제(安熙濟: 1885~1943)는 일찍부터 신학문에 관심을 두었다. 그는 원래 구학문을 하다가 1905년 을사조약이 체결되자 조부에게 고하고 고향을 떠나, 서울로 올라가 보성전문학교에 들어갔다. 방학기를 이용하여 지방유지들과 함께 구포에 구명(龜明)학교를, 의령면 중동에 의신학교를, 안동 천전에 협동(協東)학교를 세웠다.

그는 1909년에는 안중근 의사의 하얼빈 의거를 계기로 박중화, 남형우 등과 함께 대동청년단(大東青年團)을 조직하였다. 이 조직은 한일합방 이후 만주, 연해주의 독립운동기지 건설운동, 상해의 대한민국임시정부, 의열단과 국내의 비밀결사운동을 연결하는 고리의 역할을 수행하였다.

1911년에는 두만강을 건너 블라디보스토크, 모스크바, 만주로 가서 여러  독립운동가들과 만나 조국광복을 위한 대책을 도모하기도 하다가 1913년경 국내로 돌아왔다. 그후 부산에 백산무역주식회사를 설립하고 운영하면서 국내외 독립운동 자금조달창구의 역할을 하였다. 3.1운동을 준비하는 단계에서는 만주와 상해, 일본의 여러 인물들이 백산상회를 중심 거점으로 이용하고 있었다. 또 백산상회는 기미육영회(己未育英會)를 조직하여 많은 인재를 육성하기도 하였다.

1928년에는 '자력사(自力社)'를 설립하여 협동조합운동을 전개하였다. 그러나 그 해에 백산무역주식회사는 해산하였다. 1929년 이우식(李祐植: 1891~1966) 등 동지와 의논하여 '중외일보(中外日報)'를 인수하여 4년동안 필봉으로서 총독정치에 저항하였다.

또 그는 1939년 민족종교의 하나인 대종교의 총본사부 교적간행회회장을 맡기도 하였다. 그러다가 그는 1942년 조선어학회사건으로 함흥감옥에 투옥되었다가 석방되어 향리로 돌아와 치병하고 있었다. 이때 일본인 남부대작(南部大作)의 끈질긴 추적으로 그의 정체가 드러나 목단강으로 끌려가 수감되었다. 이후 9개월 동안 가혹한 고문을 통해 그는 전신이 상했다. 그가 빈사상태가 되자 1943년 병보석으로 풀려나게 되었지만, 나온지 얼마 되지 않아 59세의 나이로 세상을 떴다.

구한말 일제의 침략이 노골화되면서 이에 대응한 여러 형태의 저항운동이 전국적으로 전개되었다. 이런 운동의 하나로 1907년의 국채보상운동(國債報償運動)을 들 수 있다. 이 운동이 전국적으로 확산되어 가면서 의령지역 주민들도 이에 참여하였는데, 특히 입산마을 안씨 문중의 인물들이 대거 참여하고 있었다. 『황성신문』 1907년 5월 27일자에는 국채보상의무금을 출연한 입산마을의 인물들이 기재되고 있는데, 이들이 낸 금액은 5환에서 20전까지 다양하다. 여기에 소개된 인물을 보면 다음과 같다.

안경로(安景老), 안정로(安廷老) 안발(安鏺), 안석제(安奭濟), 안효제(安孝濟), 안전(安銓), 안박(安鎛) 안구상(安龜相), 안석로(安奭老), 안필제(安弼濟), 안태제(安泰濟), 안충제(安忠濟), 안경상(安敬相), 안백(安銆), 안홍제(安洪濟), 안철(安鐵), 안철로(安喆老), 안기로(安夔老), 안려로(安呂老), 안규로(安奎老), 안익제(安益濟), 안승제(安升濟), 안국제(安國濟), 안병두(安炳斗), 안전(安鐫), 안성제(安聖濟), 안풍제(安豐濟), 안사제(安師濟), 안두로(安斗老), 안방로(安邦老), 안극상(安克相), 안천로(安天老), 안황(安鐄), 안명제(安命濟), 안갑(安鉀), 안동(安銅), 안정(安鉦), 안헌(安金憲) 안건(安鍵), 안직상(安稷相), 안태상(安泰相)

③ 3 · 1운동

1914년에 일어난 제1차 세계대전과 1917년 러시아 혁명으로 변화된 세계정세는 민족문제에 대한 자각을 높이고 여러 지역에서 피압박 약소민족의 해방을 고무시켰다. 게다가 1918년 1월 미국 대통령 윌슨이 내건 '민족자결주의' 도 식민지 피억압민족에게 독립의 기운을 불어넣었다. 이것은 우리 민족에게도 영향을 주어 나라 안팎에서는 독립에 대한 희망과 반일운동이 고조되기 시작하였다.

이러한 나라 밖의 분위기가 국내로 전해지면서 1918년 말부터 학생층과 종교계는 조직적으로 움직이고 있었다. 그래서 고종의 장례식을 이용해 3월 1일 오후 2시에 시위운동을 전개하는 것으로 정해졌다. 민족대표 33인이 태화관에서 독립선언식을 하고 학생, 시민들이 탑골공원에 모여 독립선언서를 낭독하고 조선이 독립국임을 선언하자 '조선독립만세' 의 함성이 온 하늘을 뒤덮었다. 서울에서의 시위는 삽시간에 전국으로 번져나갔다.

3월 상순에는 서울과 경기도, 황해도, 평안남북도 등 종교조직의 뿌리가 강한 곳에서 종교지도자, 학생, 중소상인 등이 만세운동을 이끌었다. 3월 10일 무렵부터는 차츰 지방의 군 단위 지역까지 번졌다. 4월 초에는 전국적인 시위로 발전하면서 절정에 이르렀다.

의령에서 만세운동이 시작된 것은 3월초에 의령의 구여순(具汝淳)이 서울에 가서 만세시위운동에 참가하고 돌아와서, 가져온 독립선언서를 등사하여 의령 내에 배포하고 3월 14일 의령 장날을 기하여 독립만세운동의 횃불을 올린 때부터이다. 3월 14. 15. 16일은 의령면에서, 3월 15일은 부림면 신반리에서, 3월 16일에는 지정면 봉곡리에서, 3월 17일은 칠곡면에서, 3월 20일은 화정면 덕교리에서 각각 시위운동이 격렬하게 전개되었는데, 참가 연인원이 만여명에 달하였다. 이로 인해 많은 군중이 체포되어 혹독한 고문을 당하였고, 그중 50여명은 징역형을 받아 옥고를 치렀다.

| 만세운동 터 : 3 · 1운동때 만세운동이 일어난 곳이라 전해진다.

그런데 입산마을 입구의 '만세운동터' 에서도 만세운동이 일어났다고 전해진다. 신반리에서 일어난 만세운동과는 어떤 관련이 있는지, 독자적으로 일어났는지에 대한 것은 자료가 없어서 구체적으로 알 수 없지만, 아마 이곳에는 창남학교가 있어서 학생들을 중심으로 운동이 전개되지 않았나 추측되기도 한다. 전해지는 말로

는 안준상(安駿相)이 족숙인 백산 안희제의 주선과 지원으로 고향 마을 뒤 산속에서 독립선언서와 태극기 수만 장을 제작해 영남 각 지역에 배포하기도 하였다고 한다.

④ 교육운동

일제의 노골적인 침략이 전개되는 가운데 사회가 급격하게 변화함에 따라, 이런 변화에 대응하는 새로운 인력을 키워내기 위해 개명된 지식인들에 의해 전국적으로 곳곳에 신식(근대식) 학교가 세워지기 시작하였다. 그러나 유교문화를 바탕으로 한 기존의 사회체제를 유지하려는 보수 유생층은 신식교육이 우리 문화를 파괴하고 일제의 식민지 지배정책에 순응하는 역군을 길러내는 것이라 하여 이를 반대하였다. 그들은 서당, 향교를 중심으로 유교주의에 기초를 둔 교육을 유지하려고 노력하면서 이를 바탕으로 일제의 침략에 저항하고 있었다.

따라서 당시 각 지방의 유지들 사이에는 구식교육과 신식교육을 둘러싸고 적지 않은 갈등이 빚어지고 있었다. 물론 신식학교중에는 계몽에만 치중하고 민족적인 입장을 분명히 하지 않는 학교도 있었고 친일적인 성격을 띠는 학교조차 있었다. 그러나 상당수의 신식학교는 계몽적인 면과 함께 일제의 침략에 저항하는 성향을 지니고 있었다.

의령지역에서는 일제시대에 들어가기 이전에 이미 일부 선각적 인사들에 의해 신식학교가 세워지기 시작했다. 그러나 『경남일보』 1910년 1월 9일자에 당시 경남지역 각 고을의 신식학교 설립 상황을 소개한 것을 보면, 의령은 경남의 다른 지역에 비해 신식학교가 많지는 않았다. 다른 고을보다 보수적인 분위기가 강했기 때문이었을 것이다.

일제시대에 들어와 의령지역에 신식학교가 세워져 학생들을 끌어들이자 보수적인 유림들은 이에 대한 반대의 입장을 고수하였다. 각각 자신이 운영하거나 문중에서 운영하는 서재를 중심으로 많은 생도들을 확보하여 그들이 신식학교로 나가는 것을 막으려 하였다. 이런 상황이었으므로 신식학교인 의신(宜新)학교가 세워진 이후 당시 군수는 의령 유림의 중요 인물인 이태식(李泰植)에게 같이 일을 해나가자고 제안했지만, 그는 단호히 거절하였다.

그러나 사회의 급속한 변화에 따라 신학문에 경도되는 사람들이 많이 나왔다. 그래서 개인 서재뿐만 아니라 고을 교육의 중심역할을 하던 향교조차 학생들이 찾지 않는 곳으로 변하였다. 신식교육에 대항해 한문 등의 강의로 대항해 보려 하였지만 여의치 않았다. 당시의 사회변화를 인정하고 새로운 교육의 필요성을 절감한 인사들도 점차 증가하기 시작했다. 이로 인해 지역 인사들간의 갈등, 고민도 많았던 것 같다.

어쨌든 의령에서는 1907년 의령의 선각적 인사들의 주도로 의령면에 의신학교가 세워졌는데, 여기에는 입산마을 안씨 인물들이 많이 참여하고 있었다. 『황성신문』 1907년 12월 10일자에 안익상(安翊相), 안정로(安廷魯(老?)), 안치언(安致彦: 安處永의 字), 안필중(安必中: 안희제 아버지 安鐩의 字), 안석제(安奭濟) 등이 거액의 의신학교 보조금을 출연하고 있음을 보도한 것을 보면, 그것을 알 수 있다. 이어 1908년에는 입산리에 창남(刱南)학교가 세워졌다. 『경남일보』 1910년 2월 4일자에는 다음과 같은 기사가 보인다.

> 의령 부산면 입산리의 신사 안효제(安孝濟), 안석제(安奭濟) 등 제씨가 시국의 급무는 교육에 있음을 깨닫고 자금을 마련하여 사립 창남학교를 창설하였다. 혹 완고한 무리들의 반대가 많으나 유식자들의 칭찬이 많다.

이 기사에는 설립 주도자가 안효제와 안석제로 되어 있지만, 아마 여기에도 일찍 개화에 눈뜬 안희제의 설득이 영향을 미쳤을 것으로 짐작된다.

이 학교가 그 뒤 어떤 학교로 발전, 계승되어 갔는가에 대해 구체적이고 체계적으로 알 수는 없다. 다만 입산초등학교 연혁지(沿革誌)와 일제시대 각종 신문의 기사에 의해 대략 그 방향을 설명할 수는 있을 것이다. 창남학교가 세워질 당시에는 원래 상로재(霜露齋)라는 재각을 학교의 임시건물로 이용했던 것 같다. 상로재는 원래 의령 입향조인 참봉 안윤옥, 정랑 안인 및 안기종 등 3대 선조를 모시는 재각으로서, 후학들이 공부하는 장소로도 이용되고 있었다. 그러다가 1920년경 '만세운동터'라고 하는 곳에 3개의 교실을 갖춘 교사가 완성되면서 이곳으로 옮긴 것 같다. 이때의 학교의 명칭은 '입산학원(立山學院)' 또는 '입산강습소'라 불렸던 것 같다.

그런데 학교 설립 이후 학교운영은 여러 번 곤란을 겪은 것으로 보인다. 초기에는 주위의 반대와 자금 문제로 학교 운영이 잘 되지 않은 경우가 있었던 것 같다. 『경남일보』 1910년 3월 27일자에는 의령 군수서리 최우상(崔禹翔)이 해당 군 사립 의신학교의 취지를 적극 찬성하여 그 유지방침을 강구하고 있다는 기사가 나오는데, 그것은 민간인에 의해 운영되던 학교에 문제가 생겨 직접 군수서리가 개입하고 나섰던 것이 아닌가 추측되기 때문이다. 창남학교도 마찬가지였을 것이다.

입산학원으로 바뀐 이후에도 어려움은 있었다. 주위의 반대운동은 약해졌지만, 운영자금이 제대로 확보되지 못하는 문제가 계속 뒤따랐다. 무엇보다도 중요한 것은 일제 당국이 인근 신반리에 공립보통학교를 세운 것이었다.

합방 이후 의령에도 일제 당국에 의해 공립보통학교가 세워진다. 처음 설립된 공립학교는 1912년 4월 1일 의령면에서 개교한 의령공립보통학교이다. 그런데 이 학교가 세워진 이후 한동안 당국은 의령군 내에 학교를 더 설립하지 않고 있었다. 반면에 사회의 변화에 따라 의령 내의 많은 인사들이 신식학교가 의령 내에도 여러 곳에 세워질 필요가 있다는 것을 느끼게 되면서, 주민들이 학교 설립 추진에 나서기 시작했다. 그리하여 주민과 당국이 협조하여 학교를 세우는 경우도 나타난다. 그 첫 예가 의령 제2공립보통학교(현재의 부림초등학교)이다. 『동아일보(東亞日報)』 1921년 7월 5일자에는 의령 제2공립보통학교의 낙성에 관한 사실을 다음과 같이 전하고 있다.

경남 의령군 부림면에서는 교육기관이 없어 다년 유감을 금치 못하더니, 금반 유지 여러 명의 기부와 도청 보조로 동면 신반리에 공립보교를 건설 준공한 바, 남녀학생은 150명이라. 6월 18일 낙성식을 거행한 바, 당 군청 직원 일동과 제일공립보교 교원과 생도, 지방 청년회원 및 악대 일동이 참석하여 대성황이었다.

이처럼 자금난이나 제2공립보통학교의 설립으로 인해 입산학원(입산강습소)은 폐지되었다가 1927년 다시 입산노동야학회로 설립되어 운영되었다고 한다. 그러다가 신식학교에 입학하려는 아동수가 점차 많아지면서 1935년 입산간이학교로 승격, 인가되어 새로운 발전의 모습을 보이기 시작한다. 『동아일보』 1934년 2월 10일자에는 다음과 같은 내용이 있어 그 간의 사정을 알 수 있다.

경남 의령군 부림면 입산리는 지금으로부터 십여년 전 당지 안충제(安忠濟) 씨 외 유지 몇 분의 노력으로 수백여 아동을 수용하여 근근히 유지하였었다. 얼마동안 경영난에 빠져 문을 닫은 뒤 문맹에 헤매는 아동들이 갈 바를 몰라 방황하는 것은 차마 보지 못할 현상이던 바, 당지 뜻있는 청년들의 열성으로 뒤를 이어 농민야학을 경영하여 오다가 이것까지 당국의 인가를 얻지 못하여 또다시 폐쇄케 되어 존폐 문제까지 이르렀던 차, 지난 1일 동군 정군수(鄭郡守)와 학무계 평산(平山)씨 두 분이 시찰한 후 금년 봄부터 간이보교로 개교할 터이라고 하였다 한다.

그러나 입산간이학교의 개교는 늦추어져 다음해인 1935년 4월 20일에 개교하였다. 이와 동시에 신반공립보통학교(제2공립보통학교)의 학급증설 문제도 논의되었다. 당시 신반공립보통학교는 3백여 명을 수용하고 입산간이학교는 40여 명을 수용하고 있었다. 그런데 입학하려는 아동 수가 늘어나서 이를 다 수용하지 못하고 있었다. 1935년만 해도 입학지원자가 196명인데, 시설부족으로 63명만 입학이 허용되고 나머지 133명은 취학할 수 없는 현상이 나타났던 것이다.

주목되는 것은 입산간이학교는 40명 정도를 수용한다는 것이다. 이것은 입산간이학교가 당국의 인가를 받은 학교이지만, 당시 보통학교의 정규과정을 다 이수하지는 못했다는 것을 의미한다. 그래서 입산마을에서도 입산간이학교를 졸업하고 다시 신반보통학교로 진학하는 모습을 보이고 있었다. 그러다가 1943년에 가면 '입산국민학교' 라는 정식의 학교로 승격되게 된다.

| 입산국교 졸업식(1950년 5월 5일) : 학생들 뒤에 6 · 25전쟁 직전의 학교 건물의 모습이 보인다.

이처럼 우여곡절을 겪으면서도 창남학교 설립 이후 학교는 계속 새로운 모습으로 발전해 갔다. 그러면서 지역사회에서 아동교육뿐

만 아니라 다른 역할도 해 나가고 있었다. 입산학원은 산넘어 남쪽에 있는 지정면 두곡리 지산(芝山)강습소의 설립과 운영에도 상당한 영향을 주었던 것 같다. 『조선일보(朝鮮日報)』 1924년 5월 27일자에 의하면, 지산강습소의 춘계 대운동회 때 입산학원의 학생들도 참여해서 같이 경기를 진행하였고 입산마을 청년조직에서 기금을 출연하기도 하였다고 한다. 또 『동아일보』 1924년 7월 12일자에 의하면, 의령지역 보통학교와 강습소 등 교육기관을 소개하는데, '입산학원 두곡강습소' 라 소개되고 있는 것에서 그것을 알 수 있다.

또 입산학원(입산강습소)은 1929년에는 의령청년동맹 입산지부 결성모임이나 낙동강 농민조합 결성 대회의 장소가 되기도 하였다. 1930년 입산소년단(立山少年團) 주최의 어린이날 기념식도 이 강습소에서 이루어졌다. 이처럼 입산학원은 당시 의령 내의 뜻있는 인사들이 여러 가지 사회활동을 펼치는 데 중요한 장소로 이용되기도 하였던 것이다.

| 입산국교 졸업식(1951년 7월 10일) : 학생들 뒤에 6·25전쟁 이후 임시로 복구한 초가집 형태의 학교 건물이 보인다.

⑤ 농민운동과 청년운동

일제는 근대법적 토지소유권을 확립한다는 명목하에 농민들로부터 많은 토지를 수탈하였을 뿐만 아니라, 지주권을 강화하여 지주들로 하여금 농업경영에 간여하게 하고 또 많은 소작료를 거두어 그 곡물들을 상품화해서, 좀더 많은 곡물이 일본으로 수출될 수 있도록 하는 정책을 펴 나갔다. 이 때문에 많은 농민들은 토지를 잃고 소작인으로 전락하였을 뿐만 아니라 또 지주로부터 여러 가지 가혹한 수탈과 간섭을 받고 있었다. 강화된 지주권을 바탕으로 지주들은 걸핏하면 재배작물이나 농사방법에 대해 간섭하고 또 소작료도 올리는 경우가 많았다. 그것을 소작인이 반대하든지 마음에 들지 않으면 아예 소작권을 박탈해 버리는 가혹한 수법을 썼다.

농민들은 가혹한 수탈로 인해 더욱 더 몰락할 수밖에 없었고 생존권을 위협받지 않을 수 없었다. 그래서 많은 사람들이 생계를 위해 도시로 나가 품팔이를 하거나 만주 등지로 이주하는 등 다른 대책을 강구해야 했다. 농촌에 남아 있는 농민들은 행여나 소작권을 빼앗길까, 또는 소작료가 또 올라가지 않을까 걱정해야 했고 지주로부터 어떤 수탈과 간섭이 있을지 걱정해야 했다.

의령도 마찬가지였다. 『조선일보』 1937년 12월 10일자에는 의령지역 농민의 상황이 소개되고 있는데, 의령의 전호수 14,298호 중 9할이 넘는 12,297호가 농업에 종사하고 있었고 그중 농민은 12,018호였다. 나머지 279호는 지주인 셈이다. 자작, 소작, 자소작농들의 경작지 면적을 살펴 보면 다음의 〈표 7〉과 같다.

‖ 표7 의령지역 농민 각 계층의 경작상황 ‖

| 종별 | 호수와 비율 | | 경작지 총면적(반) | | | 1호당 경작 면적(반) |
|---|---|---|---|---|---|---|
| | 호수 | 비율(%) | 논 | 밭 | 계 | |
| 자작 | 1,478 | 12.3 | 846.2 | 1,136.1 | 1,982.3 | 13.4 |
| 소작 | 6,790 | 56.5 | 2,083.2 | 1,998.6 | 4,081.8 | 6 |
| 자소작 | 3,750 | 31.2 | 2,345.3 | 2,626.4 | 4,971.7 | 13.3 |
| 계 | 12,018 | 100 | 5,274.7 | 5,761.1 | 11,035.8 | |

* 1반(反)은 1단보(段步)를 지칭하며, 1정보의 1/10, 300평 정도 된다.

위의 표에 의하면 의령지역 농민중 소작농이 87.7%를 차지하며 순소작농만도 56.5%를 차지한다. 그들이 경작하는 땅은 6반에 지나지 않는다. 그들은 경작한 모든 토지에 대한 소작료를 지불하여야 하는데, 소작료를 지불하고 나면 식구들을 먹여살리기가 벅차다. 그래서 같은 날짜의 『조선일보』에는 의령지역 소작농의 상황을 다음과 같이 언급하고 있다.

> 소작농 매호당 경작면적이 6반(反)에 불과하니, 매호 식구 평균 4인으로 계산한다면, 이로써 소작료 및 공과금을 지출하고 일년간의 식량 및 농비(農費)를 얻겠는지? 북은 만주로, 남은 현해탄을 건너 남부여대(男負女戴)로 떠나는 유이민이 날로 늘어가니 고토(故土)를 떠나지 않으면 안 될 이유가 어디 있는지, 만천하 독자는 이로 미루어 농촌의 실상을 알지어다.

이런 조건 속에서 의령지역의 농민들은 다른 지역과 마찬가지로 자신의 생존권을 지키기 위해 농민조합을 조직하였다. 그런데 인근의 진주, 하동, 사천 등지에서는 1922년 경남 서부지역의 중심지인 진주에 노동공제회(勞動共濟會)가 설립된 이후 이 단체가 농민단체, 노동단체의 결성에 중요한 역할을 하면서 농민조합이 만들어졌다. 그러나 의령은 시기도 늦었고 상황도 달랐다. 1926년까지만 해도 면마다 농민계가 조직되어 활동하고 있다가, 그해 3월 1일 이들 등 12개 단체를 망라하여 의령농민연합회가 창립되었다. 그런데 이 조직도 제대로 가동되지 못하고 침체된 상태에 들어가 있었다.

이런 상황에서 1929년 9월 20일 부림면 입산리 입산학원(立山學院)에서 안균(安鈞: 1905~1948), 안상록(安相祿), 안맹제(安孟濟), 이상세(李相世) 등이 중심이 되어 인근 낙동강(洛東江) 연안의 농민을 모아 낙동강농민조합(洛東江農民組合)을 조직하려고 하였다. 그래서 미리 신반 경찰주재소에 신청서를 제출하고 백여 명의 농민이 모여 창립 총회를 개최하려고 하였다. 그러나 임석 경관의 방해로 대회를 치르지 못하고 경찰과 충돌하면서 지도부는 보안법 위반, 협박공갈 등의 죄명으로 검거되었고, 뒤이어 안기상(安琦相), 안윤상(安允相)도 이에 연루되어 붙들려 갔다. 결국 4인중 안상록은 무죄로 출옥하였고 나머지 3인은 징역 6개월 또는 집행유예 4년에 처해졌다.

그러다가 같은 해 12월 31일 입산리 노동학원(입산학원)에서 낙동강농민조합 창립대회가 열리고 집행위원장에 안박제(安博濟), 서기에 안기상(安琦相) 등이 선출되어 본격적인 활동에 들어갔다. 이 조직이 입산리에서 결성되고 농민조합 본부 사무실도 입산리에 두어졌으며, 나머지 집행부에도 탐진안씨 인물이 많이 참여하고 있는 것으로 보아, 이에 대한 탐진안씨 인물들의 관심이 지대했음을 알 수 있다.

또 의령 전체를 아우르는 농민조합을 만드는 것이 아니고 입산리가 속한 부림면을 비롯해 낙동강을 접한 면 지역의 농민들을 대상으로 하고 있었던 점이 주목된다. 그리하여 초기에는 낙동강을 접한 지정면, 낙서면 등에 반 또는 지부가 결성되어 활동하기 시작하였다. 그런데 낙동강농민조합의 조직은 여기에 그치지 않고 의령이 아닌 다른 지역으로도 확대되어 갔다. 1932년에는 의령 인근의 합천 초계에 지부가 결성되어 활동하기 시작했고, 거창지부도 결성하려다가 지도부가 경찰에 체포되어 여러 가지 조사를 받기도 하였던 것이 그 좋은 예이다.

1931년 12월에는 낙동강농민조합의 임원이 기금을 출연하고 조합원 각자가 노동을 제공하거나 혹은 재목, 금전과 양식을 내어 입산리에 기와집 여섯 간의 낙동강농민조합 본부 건물을 건축하기도 하였다. 이 건물 낙성식 때는 낙동강 연안 각 동리에서 모여든 조합원이 1천여 명에 달했다고 한다.

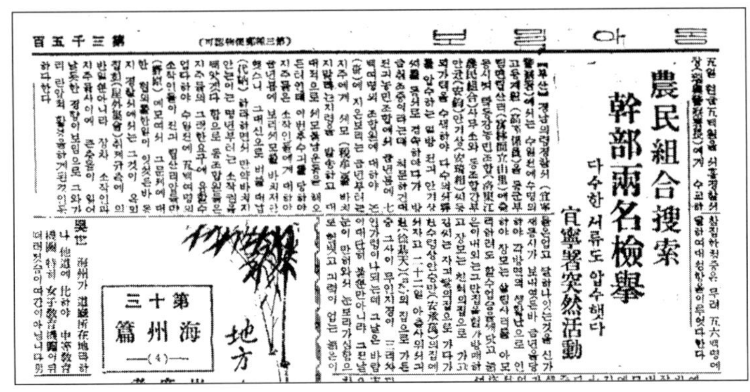

동아일보

第三千五百

農民組合搜索 幹部兩名檢擧

다수한 서류도 압수햇다

宜寧署突然活動

第十三 海州篇 —(4)—

地方

|「동아일보」 1930년 12월 3일자 : 모세(牟稅)문제로 자극에 대항하여 낙동강 농민조합원들이 집회를 연 것에 대한 일제 경찰의 탄압과 관련된 기사이다.

여기에 자극을 받아서인지 1930년 12월에는 의령 내에서 이 지역을 제외한 나머지 지역을 통합하는 의령농민조합이 결성된다. 즉 12월 신간회 의령지회 정기대회가 열리면서 이 자리에서 그동안 침체되어 유명무실하던 의령농민연합회를 해소하고 의령농민조합으로 조직체를 변경하였던 것이다. 이처럼 의령에서는 다른 지역과는 달리 낙동강농민조합과 의령농민조합이 별도로 조직되어 양립하고 있었다. 따라서 의령의 전체적인 일을 논의하고 서로 연대해야 하는 문제가 발생하게 되는 것은 당연한 사실이었다. 결국 1931년 12월 양 농민조합이 합동하여 의령농민조합 사무실에서 집행위원회를 열려고 하였다. 그러나 사전에 허가를 받은 상태임에도 불구하고 경찰은 돌연 해산을 명령하였고, 이에 격분한 군중은 시위를 전개하였다. 그래서 하청(河淸), 안균(安鈞) 등 지도부 인물들이 대거 검거되기도 하였다.

이후 낙동강농민조합과 의령농민조합은 농민들의 생존권 개선을 위한 여러 가지 활동을 전개하였다. 1920년대 이후 농민들의 생존권 투쟁이 확대되어 나가자 당국의 권유에 의해 의령에서도 지주간담회나 지주회가 몇 차례 열리고 지주들이 일부 문제에 대해서는 소작농을 배려해 양보하는 결의를 하게 된다. 특히 1929년 7월 2일자 『동아일보』에 의하면 그해 6월 말경에 열린 지주회에서는 소작료는 6할 이내로 한정하고 이모작을 하는 논에서는 모세(牟稅: 보리세)를 철폐하고 지세 및 기타 공과금은 지주가 부담하는 것으로 결의하였다.

그러나 적지 않은 지주들이 이 결의사항을 지키지 않고 소작농을 수탈하는 경우가 많았다. 그리고 농민들이 지주들에게 고분고분하지 않으면 소작권을 박탈하여 다른 사람에게 넘겨버리는 사례가 빈발하였다.

예컨대 낙서면의 면장을 지내던 지주 이정두(李正斗)가 자기 토지를 경작하는 소작농(낙동강농민조합원)에게서 모세를 거두는 문제로 소송을 제기했다가 취소하고 그 이후 다시 소송을 제기한 일이 있었다. 이에 대해 낙동강농민조합원이 분개하여 집단적으로 대응하였다. 또 이정두는 논보리세(畓牟稅)와 지세 관계로 70여 명의 소작인에게서 소작권을 강제로 박탈하여 다른 농민에게 넘겨버렸다. 이로 인해 구소작인이던 조합원과 신소작인 사이에 충돌이 일어났고, 경찰에 의해 조합원 다수가 검거되기도 하였다. 낙동강농민조합 지정면 지부장 이모(李某)는 관내 조합원에게 지세고지서를 받아서 지주들에게 반환한 것 때문에 경찰에 호출되기도 하였다.

이런 문제에 대해 낙동강농민조합의 지도부를 이루던 인물들은 적극적으로 지주에 대한 저항운동을 주도해 나갔다. 1930년 안균, 안기상 등이 세모불납운동을 대대적으로 전개한 것이 그 예이다. 이들은 그해 봄에 7백여 명의 조합원에게 금년부터는 논에 지은 보리에 대해서는 지주에게 세모(稅牟)를 바치지 말라는 지령을 발송하고 대대적으로 세모불납운동을 전개하였다.

이에 대응해 지주들은 소작인들에게 봄에 보리 세모를 바치지 않았으니 그 대신 벼를 대납하라 하면서, 만약 바치지 않으면 소작권을 빼앗겠다고 위협하였다. 이에 지주들의 그러한 요구에 응할 수 없다면서 11월 말경에 5백여 명의 조합원 소작인들이 입산리 앞 들판에 모여서 그 문제에 대한 협의를 하였다. 의령 경찰서에서는 그것이 옥외집회 취제규칙에 위반될 뿐 아니라 장차 소작인과 지주들 사이에 큰 충돌이 일어날 경향이 보인다 해서 조합 사무실과 지도부의 가택을 수색하여 다수의 서류를 압수하고 일부를 연행해 갔다고 한다.

부림면 손오리 거주민 73명은 소작한 전답 이백여 두락을 새로운 지주에 의해 신소작인에게 빼앗기자 생존을 위해 군청으로 행진해 와서 군수에게 진정하고 삼일 동안이나 군청 마당에서 단식 투쟁을 계속하기도 하였다.

일제 당국의 부당한 처사에 대해서도 거세게 저항해 나갔다. 1930년 2월 한국인들이 흰 옷을 즐겨입는 것을 막기 위해 면장, 순사부장, 금융조합 이사, 우편소장, 면협의원 등이 부림면 여기저기를 다니면서 먹물총(墨水銃)을 난사하여 흰옷을 못쓰게 만들어 버린 사건이 일어났다. 이에 낙동강농민조합에서는 긴급히 대책을 강구하고 주재소 수사부장과 면장에게 거세게 항의하여 사과를 받아 내었다.

이런 낙동강농민조합의 활동에 대해 일제 당국은 초기부터 여러 가지로 활동을 방해하고 궁극적으로는 이 단체를 해산시키려 하였다. 1930년 1월 초 낙동강농민조합이 처음 대회를 개최하려 하자 뚜렷한 이유없이 금지시켰다. 또 빈번히 트집을 잡아 조합 지도부 인사를 수시로 검거, 취조하고 여러 날 동안 구금하기도 하였다.

특히 안균은 셀 수 없이 경찰에 끌려가서 여러 날 동안 심문받고 구금되었다가 풀려나기를 되풀이하였다. 그는 낙동강농민조합의 창설을 주도하고 영향력을 행사하였고, 또 서울에 올라가서는 사회주의적인 성향이 강한 사회실정조사소(社會實情調査所)의 간부로 있으면서 고학당(苦學堂)의 교사 역할도 하고 있었으므로 경찰의 주목을 받을 수밖에 없었다.

이렇게 전국적으로도 주목되는 활발한 활동을 하던 낙동강농민조합도 1932년으로 들어와서는 노골적인 억압정책으로 정책을 전환하고 있던 일제 당국으로부터 해체의 압력을 받게 된다. 안균, 안맹제, 안기상, 김대영(金大永) 이상세(李尙世) 등 조합원 간부들이 잇달아 구금되기 시작했고, 그러다가 1932년 10월에는 경찰이 농민조합의 해산을 조건으로 일부를 석방하기도 하였다. 그러나 농민조합이 바로 해산된 것은 아니었다. 다음 해인 1933년에 들어와 진주, 양산, 김해, 언양 등 경남지역 다른 지역에 마지막까지 남아있던 조직들까지도 완전히 해산시키는 조치 속에서 낙동강농민조합도 해산되었다.

의령에는 농민운동 이외에 청년운동도 활발하게 전개되고 있었다. 이미 1920년대 초반부터 여러 청년단체가 있었던 것 같다. '의춘청년구락부' 나 '청년회' 등이 그 예이다. 신반을 중심으로 1922년에 결성된 신반청년회는 1929년까지 활동하고 있었던 것으로 나타난다. 이 단체들은 학교의 설립이나 증축 때 앞장서서 주위의 사람들을 설득하여 참여하도록 하였고, 또 소년단의 연극활동을 지원하는 등 여러 활동에 참여하고 있었다. 이 단체들이 그 후 어떻게 계승되었는지는 알 수 없다.

그런데 1927년 4월에 가면 조선청년총동맹 산하의 조직인 '의령청년동맹' 이 조직되어 활발한 활동을 전개하게 된다. 그리고 의령 내에서도 일부 지역에서는 의령청년동맹 지부가 결성되는데, 그 예가 입산과 신반이다. 입산 청년동맹 지부는 1929년 8월 25일 입산리 노동학원(勞動學院)에서 40여 명의 회원이 모여 결성식을 가졌다. 다음해 7월에는 인근 신반에서도 신반 지부가 결성되어 같은 부림면 내에서 2개의 지부가 결성된 상태였다. 그래서 8월에 가서는 좀더 견고한 조직으로 투쟁을 해 나가기 위해 하나로 합병해야 된다는 의견이 제기되었다. 그래서 8월 합병대회를 치르려 하였으나 경찰당국이 시기가 불온하다는 핑계로 집회를 중지시켰다고 한다.

의령청년동맹은 좀더 진보적인 입장에서 농민이나 노동자, 백정들을 위한 운동을 전개하고 있었다. 입산 지부에서는 가난한 농민들을 위해 농민야학을 경영하기도 하였고 낙동강농민조합 결성을 주도하기도 하였다. 백정들을 위한 형평사를 전남 등 다른 곳에 확산시키기 위한 운동도 전개하고 있었다. 그리고 일제에 대해 좀더 노골적인 저항운동을 전개하고 있었다.

그 한 예가 『조선일보』 1930년 4월 4일자에 나타난다.

> 경남 의령군 부림면 신반리 의령경찰관 주재소에서는 지난 29일에 돌연히 공기가 긴장하여지며 소원 전부가 동면 입산리에 출장하야 본보 의령지국 신반주재 기자 안기상(安琦相)군의 가택을 비롯하여 의령청맹원 안경호(安炅浩), 이활(李活) 3인의 가택을 수색하였으나 하등 소득도 없었다 하며……아마도 근일에 흔히 볼 수 있는 격문(檄文)의 내왕으로 인하야……

즉 1930년 3월경에 의령청년동맹 회원들이 격문을 주위에 돌렸던 것 같다. 어떤 내용의 격문인지는 알 수 없지만, 이 때문에 3월 29일 부림면 신반리에 있는 의령경찰관 주재소의 순사들이 모두 나서 입산리로 가서 조선일보 의령지국 신반주재 기자 안기상의 집을 비롯하여 의령청년동맹 회원 안경호, 이활 등 3인의 가택을 수색하였지만, 아무것도 적발해 내지 못했다. 『조선일보』 1932년 2월 25일자에 의하면, 내용을 알 수 없는 비밀결사 모임으로 인해 경남 각 지역의 인사에 대한 검거선풍이 불었다. 이때 의령에서도 의령청년동맹을 주도하던 하청(河淸)과 안균(安鈞)이 마산경찰서로 압송되었다고 한다.

이처럼 입산리 탐진안씨 가문의 인물중에 일제시대에 교육운동뿐만 아니라 농민운동이나 청년운동에서도 주도적인 역할을 하는 인물들이 많이 배출되었다.

## 2. 입산의 현대사



### 1) 저항의 전통과 해방

입산마을은 탐진안씨의 집성촌이다. 임진왜란 당시 곽재우를 도와 의병에 나섰던 안기종의 후예들이 모여 사는 이 마을은 일제강점기 독립운동가의 산실로 그 이름이 높았다. 인동에서 반촌(班村)으로 소문나 있었던 만큼 입산에는 제법 산다는 부자들도 있었다.

물론 입산에 거주하는 안씨들이 모두 유복한 것은 아니었다. 마을에서 가장 큰 부자는 장파(長派)이나 종가인 안익상(安翊相)집안이 대략 천석지기, 중파(仲派)인 백산 안희제 집안이 대략 칠백석지기, 계파(季派)인 안순(安錞)집안이 대략 칠백석지기였다. 다음으로는 안호상과 안준상 집안이 비교적 넉넉한 편이었다. 이들을 제외한 대다수의 입산의 안씨들은 소작 혹은 자작농들이었다. 하지만 비록 소작농이라 하더라도, 입산 안씨들의 형편은 다른 마을의 소작농들보다 나쁘지 않았다. 일족이라 가혹하게 지대를 수취하지 못했고 소작지도 함부로 빼앗지 못했기 때문이었다. 이런 이유로 입산마을 내에서 계급갈등이 첨예하게 벌어지지는 않았다.

| 증언하는 조외암
조외암 할아버지는 현재 입산리의 최연장자이다. 타성받이로 입산에 정착한 후 할아버지는 갖은 고생을 하며 입산에서 모진 풍파를 겪어야만 했다. 할아버지는 당시 입산의 안씨들이 인심좋은 지주였다고 회고했다.

한편 입산 출신이었던 수파 안효제와 송은 안창제가 만주에서 독립운동을 하다 사망한 이후, 입산은 독립운동가의 마을로 간주되어 늘 일제로부터 감시의 대상이 되었다. 실제 수파문집사건 등으로 마을 사람들은 갖은 고초를 겪어야 했다.

이러한 입산의 항일 전통은 백산 안희제에 의해 더욱 빛을 발했다. 백산은 조국 독립을 위해 교육운동 등 실력양성운동에 매진하였으며 대종교에 깊이 심취해 있었다. 특히 조선어학회 사건으로 자신의 지인이었던 이극로, 이우식 등이 검거되고 조카 안호상마저 체포되자 백산은 신병치료를 위해 방문했던 고향을 남몰래 빠져 나와, 다시 만주로 떠나야만 했다. 결국 만주에서 검거된 백산은 1943년 9월 2일 쉰아홉의 나이로 순국하였다.

비록 안효제, 안창제, 안희제는 모두 고향 입산마을을 기반으로 독립운동을 전개하지 않았지만, 수파집사건과 백산 안희제를 검거하기 위해 수시로 마을을 휘젓고 다녔던 일본경찰의 모습은 당시 입산의 소년이었던 안평제와 같은 이들의 뇌리에 깊이 각인되었다. 여든을 넘긴 나이에도 백산을 검거하러 와 자신에게 '백산아제'의 행방을 물어보았던 일경의 모습은 한 장의 사진처럼 기억에 재현되고 있었던 것이다. 이처럼 걸출한 독립운동가들을 배출하여 일제시기부터 요주의마을로 낙인찍힐 만큼 저항의 전통이 강했기 때문에 입산 사람들의 자부심도 남달랐다. 입산의 어린이들은 수시로 마을로 찾아와 "백산아제"의 행방을 묻는 일본 경찰들을 대하면서 자연스럽게 항일의식을 키워왔던 것이다.

한편 보다 직접적으로 입산의 급진성에 영향력을 끼친 인물은 안균이었다. 홋까이도 제국대학을 중퇴한 안균은 귀국 후 낙동강농민조합 결성을 주도했으며 1932년 9월 조선공산주의협의회 산하 적색농민조합경남위원회에 낙동대표로 참석하기도 했었다. 낙동강 농민조합의 사무실은 입산마을에 위치해 있었고 안균은 이곳에서 안상록 등과 농민조합운동을 적극적으로 벌여나갔다. 때문에 낙동강농민조합운동은 입산 청년들 특히 입산의 소작농들에게 적지않은 영향력을 행사해 왔다. 표면적으로 낙동강농민조합운동은 일제의 탄압으로 실패하였지만, 농민조합운동의 경험은 해방후 마을 사람들의 활동에 적지 않은 영향을 미치게 되었다.

독립운동가들의 존재만큼, 입산에는 또 다른 자랑도 있었다. 일찍부터 창남학교를 세우는 등 입산 탐진안씨들의 교육열은 대단했다. 때문에 일찍부터 개명하여 신식교육을 받은 수많은 젊은이들이 멀리는 일본으로, 가까이는 인근 도회지로 나가 자신의 능력을 과시했다. 유학생들은 입산의 자랑거리이자 희망이 되었고 그러한 희망에 부응이라도 하듯 입산사람들 가운데에는 우수한 인재들도 많았다.

한편 일본과 도회지로 나갔던 사람들 중 상당수는 당시 들불처럼 번지고 있던 사회주의에 경도되어 가고 있었다. 특히 1920년대 이후 사회주의자들이 민족해방운동의 전면에 나서게 되자, 입산의 젊은이들도 새로운 해방이념으로 사회주의를 적극적으로 받아들였다. 낙동강농민조합의 결성을 주도한 안균과 안상록 등은 일본에 유학한 인재들로 비교적 이른 시기에 사회주의를 받아들였던 인물이었다. 사회주의의 수용이 해외에서만 이루어진 것은 아니었다. 도시에서 상대적으로 고등교육을 받고 있던 많은 입산출신 학생들도 사회주의에 매료되고 있었다. 김해농업고등학교를 다니던 강달교와 안경석은 김해농업고등학교를 다니면서 사회주의자가 되었다.

오랜 일제 식민지배도 1945년 8월 15일 일본의 패전과 더불어 종식되었다. 일본의 패망은 조선에게는 새로운 해방을 의미했다. 해방과 더불어 자주적으로 새로운 민족국가를 수립하려는 운동의 역사적 물결이 전국에 넘쳐흘렀다. 1945년 8월 15일 해방직후 여운형을 중심으로 '건국준비위원회'(이하 건준)가 결성되었으며, 건준은 곧 '인민위원회' 로 개편되어 갔다. 중앙에서의 이러한 변화에 발맞추어 의령에서도 새로운 국가 건설에 박차를 가하기 시작했다. 일본이 패망한 후, 의령의 민족주의자들은 건준과 유사한 기능을 가진 '군민위원회' 를 결성하고 치안유지 등의 활동을 펴나갔다. '군민위원회' 는 곧 의령군 인민위원회로 개편되어 의령에서 실질적인 정부 역할을 담당하고 있었다.

특히 의령군 인민위원회는 대단히 급진적이었고 왕성한 활동을 보이고 있었는데, 이는 오랜 독립운동의 전통과 급격한 인구이동이 그 주요한 요인이었다. 의령은 3.1운동 이후 민족주의자들에 의한 교육운동과 사회주의자들이 주도한 농민조합운동이 활발하게 진행되었으며, 저명한 독립운동가 안희제의 고향이기도 했다. 한편 해방직후 의령은 무려 73%를 넘는 인구이동률을 보여 경상남도에서 가장 높은 수치를 기록했다. 브루스 커밍스에 따르면 인구이동과 급진성은 서로 비례하는데, 인구이동이 높은 지역일수록 급진적이었다.

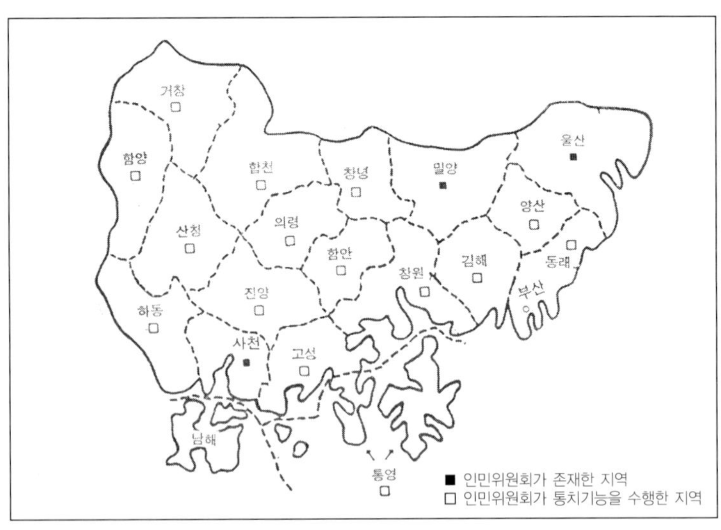


| 경상남도 인민위원회(브루스커밍스, 『한국전쟁의 기원』, 일월서각, 1986, 인용).

급진적인 의령군 인민위원회의 중심에는 안균이 있었다. 안균은 의령군 인민위원회 결성을 주도하여 위원장에 임명되었으며 45년 10월에는 경상남도인민위원회 노농부장에 피선되기도 했다. 그는 인민위원회 위원장으로서 의령군내의 행정 · 사법기관을 접수하여 소작료문제, 식량문제, 물가대책, 치안문제 등을 원만하게 처리하여 군민으로부터 전폭적인 지지를 받아 왔다. 이러한 지지를 바탕으로 안균은 최초의 의령군수로 추대되었고 그는 입산의 자랑이 되었다.

안균에 대한 의령군민들의 지지는 미군정에 의해 임명된 신임 군수 김철근(金鐵根)에 대한 거부투쟁에서 잘 확인된다. 미군정에 의해 임명된 김철근이 부임하자 의령군민들은 격렬하게 저항하였고 김철근이 자신의 업무를 수행할 수 없을 지경에 이르렀다. 상황이 이렇게 되자 사태해결을 위해 해리스 경남도지사가 11월 의령을 찾았다. 해리스 도지사는 지방 유지들과 만나 의령군민들의 의견을 수렴하였고, 주민들의 강력한 여론에 밀려 김철근을 해임하고 안균을 의령군수로 임명하였다. 해리스 도지사는 이 때 "전 조선이 의령처럼만 잘해 나가면 미국은 금일이라도 즉시 독립을 승인할 것이다."라는 말을 남기고 미군을 철수시켰다고 한다. 한편 당시 지방 유지들이 누구인지는 확인할 수 없으나, 안희제의 동생이자 안상록의 숙부였던 안국제(安國濟)가 미군정의 의령지역 고문단이었다는 사실을 고려해 보면, 안균의 군수임명에는 안국제의 영향력이 적지 않았을 것이다.

이러한 의령군에서도 입산의 급진성은 단연 눈에 띄었다. 1945년 해방이 되자 마을 청년들은 강달교 등의 주도하에 자주 회동하여 새로운 국가 건설의 열의를 표하였다. 강달교가 마을의 실무적인 일들을 처리했다면 마을 사람들의 실질적인 정신적 기둥은 안균이었다. 안균은 빼어난 언변과 사람의 마음을 움직이는 연설로 정평이 나 있었다. 한편 안균과 더불어 낙동강 농민조합을 주도했던 안상록은 해방 후 낙동강 농민조합 사무실에서 마을 청년들과 함께 사회주의 서적을 공부하는 등 청년들을 지도하고 있었다.

입산의 청년들의 급진성은 해방 직후 이웃 세간리에 살고 있었던 친일부호에 대한 공격에서 잘 드러난다. 세간리에는 일제시기 일본군 대좌의 집이 있었는데, 때로 말을 타고 일본군을 거느리고 고향으로 돌아와 거들먹거리는 그의 모습은 독립운동가들을 많이 배출한 입산 사람들에게 그는 늘 눈에 가시 같았다. 해방이 되자 입산사람들은 가시를 제거하기로 결심했다. 그들은 그 대좌의 집으로 달려가 그를 징치하려 했다.

그러나 미리 소식을 들은 대좌와 그의 가족들은 다른 지방의 친일파들이 그러했던 것처럼 모두 도주하고 난 후였다. 텅 빈 집에 들이닥친 입산청년들은 도끼로 기둥을 찍고, 가재도구를 마당으로 꺼내어 일본에 협력했던 이들이 그간 모았던 재산의 실상을 백일하에 드러내 보였다. 마당에 쌓여진 가재들 가운데에는 그 귀하다던 미싱과 설탕도 있었다. 입산의 청년들은 미싱과 설탕은 우물에 빠뜨리고 나머지 가재도구는 소각시켜 버렸다. 비록 부분적으로 과도한 행동도 있었지만, 그렇게라도 해야 그간 고통받았던 한을 조금이라도 풀 수 있을 것 같았다.

그러나 해방의 기쁨도 잠시였다. 9월 8일 인천에 진주한 미군은 38선 이남에 거주하던 사람들의 운명을 바꾸어 놓았다. 새롭게 진주한 미군은 군정을 펴면서 군정이외에 어떠한 권력의 합법성도 인정하지 않았다. 미군은 인민위원회가 가지고 있던 권력의 정당성도, 인민위원회 자체도 용인하지 않았던 것이다. 이러한 미군정의 정책은 인민위원회와의 전면전을 예고한 것이기도 했다.

### 2) 신반지서 습격

1945년 9월 8일 인천에 진주한 미군은 9월 부산에 진주하여 11월부터 본격적으로 군정을 실시하려 했다. 일반적으로 미군의 진주는 세단계를 거쳤는데 우선 미군 정찰장교가 부산과 같은 대도시를 거점으로 주변 정세를 시찰한 후, 미군 전술부대가 주둔하고 이후 미군정부대가 최종적으로 점령하는 형태를 띠었다. 9월 16일 부산에 미군 시찰단을 이끌고 해리스(Charles S. Harris)가 도착한 후, 9월과 10월에 거쳐 미군 전술부대가 경남 각 지역에 속속 도착했으며 11월 1일 부산경남지역에서 미군정은 본격적으로 실시되었다.

98군정대는 부산에 본부를 정한 후 군정업무를 수행하였는데, 그 예하의 여러 중대들이 부산경남지방을 통제했다. 50중대는 부산시를, 57중대는 본부를 마산시에 두고 마산 · 통영 · 고성 · 창녕 · 함안 · 창원군을, 58 · 70중대는 본부를 진주시에 두고 진주 · 남해 · 사천 · 하동 · 함양 · 합천 · 거창군을, 62중대는 본부를 동래군에 두고 동래 · 김해 · 밀양 · 울산군을 각각 통치했다. 이들 군정중대 가운데 의령군을 담당했던 부대는 위치상 58 · 70군정중대였던 것으로 보인다.

11월과 함께 시작된 미군정은 인민위원회에게는 자신이 담당했던 행정과 권력으로부터의 소외를 의미했다. 미군정은 각 지방에서 막강한 영향력을 행사하던 인민위원회를 그저 지켜보지만은 않았다. 미군정 당국 이외의 모든 합법기구를 인정하지 않은 중앙의 정책에 따라, 부산경남에 주둔한 미군은 인민위원회에 탄압을 가하기 시작했다. 그들은 우선 공권력을 자임하고 있던 치안대를 해체시켰으며, 인민위원회가 장악하고 있던 각 급 관공서를 다시 빼앗았다. 인민위원회는 실질적인 권력으로부터 밀려난 것이다. 인민위원회로부터 빼앗은 권력은 보수적인 인사나 친일관료들에게 되돌려졌다. 미군정은 일제시대의 행적에 대한 심사숙고 없이 친일관료들을 재임용하여 그들에게 행정권을 일임했던 것이다. 특히 치안을 담당한 경찰 중 대다수는 일제시기 경찰전력을 가진 자들이었다. 당시 경상남도 내 약 3,450명에 달하는 경찰 중 대부분이 일제하에서 경찰 혹은 일본군에서 복무했던 이들이었으며, 부청장 · 수사과정 등 많은 간부들도 일제하에서 경찰 전력이 있는 이들이었다.

그러나 모든 것이 미군정의 뜻대로 되지만은 않았다. 경남 각지에서 미군정의 이러한 정책에 대한 반발이 시작되었다.

하동군 인민위원회는 미군정이 군청과 경찰서를 접수하고 있던 자신들을 몰아내려 하자 격렬하게 저항하였으며, 미군이 철수한 뒤에 다시 군청과 경찰서를 접수해 미군정과 격렬하게 대치하였다. 하동군이 지난한 줄다리기를 하였다면 의령은 군민들의 힘으로 미군정을 굴복시키기도 했다. 앞서 언급한 것처럼 미군정은 의령군 인민위원장이었던 안균을 대신해 일제시대 진영읍장을 지냈던 김철근을 의령군수로 임명했다가 군민들의 강력한 저항에 밀려 김철근을 해임시켜야만 했다. 이는 당시 안균과 인민위원회에 대한 의령군민들의 지지를 단적으로 확인시켜 주는 좋은 예이다. 특히 다른 군들이 미군정의 탄압으로 침체일로를 걷고 있던 것과 비교하면 인민위원회에 대한 의령군민들의 지지를 잘 확인할 수 있다. 11월 7일 창원군 내서면 면민대회도중 내서면 인민위원장 노기수가 미군에 의해 피검되었고, 12월 14일에는 김진배 거제도 인민위원장이 미군에게 피검된 바 있었다. 이러한 사정에 반해 의령에서는 쉽사리 미군정이 자신의 의도를 관철해 안균 등을 피검하지는 못했던 것이다.

그러나 46년 3월 28일부터 시작된 경남미군정의 경남 각 지방 인민위원회에 대한 탄압으로 경남지역 인민위원회는 적잖은 타격을 입기 시작했다. 특히 조선공산당 내부의 반박헌영파(대회파)와 박헌영파(간부파)의 갈등은 미군정의 탄압에 조선공산당이 효과적으로 대응하지 못하게 했다. 현재 사료로는 확인되지 않지만 안균이 의령군수에서 물러난 것도 대략 4월 이후로 판단된다. 안문상이 쓴 안균의 전기에 의하면 그가 의령군수에 재임한지가 일년이 되지 못해 미군정과의 불화로 군수직을 그만두었다고 하므로 대략

이 즈음 군수직에서 물러난 것으로 보인다.

한편 미군정은 인민위원회를 탄압하면서 우익인사와 친일파 중심으로 지방정치를 실현해 나가려 했다. 특히 미군정은 행정적 공백을 메우기 위해 친일파들을 여과없이 등용하였으며 친일경찰의 중용은 미군정이 대중적 지지를 얻지 못하게 한 결정적인 이유가 되었다.



‖ 표8 친일경력을 가진 경찰의 수(1946년 11월) ‖

| 직위 | 총계 | 친일경략을 가진자 | 비율 % |
|---|---|---|---|
| 총감 | 1 | 1 | 100 |
| 관구장 | 8 | 5 | 63 |
| 도경국장 | 10 | 8 | 80 |
| 총경 | 30 | 25 | 83 |
| 경감 | 139 | 104 | 75 |
| 경사 | 969 | 806 | 83 |

* 브루스커밍스, 『한국전쟁의 기원』, 일월서각, 222쪽.

미군정에 대한 불만은 정치적인 문제에 국한되지 않았다. 보다 중요한 불만은 경제적인 것이었다. 당시 경남지역에서 80%이상의 농민들이 자·소작농 혹은 소작농이었다. 일제가 패망한 후, 북쪽에 불어닥친 토지개혁의 열풍은 38선 이남지역을 들끓게 했고 급기야 토지개혁은 당시 농민들의 최대 관심사가 되었다. 하지만, 미군정은 이 문제에 별다른 관심을 기울이지 않았고 국내의 보수주의자들은 이러한 주장을 일축했다. 이런 분위기 속에서 농민들의 삶은 인구유입과 미군정의 잘못된 경제정책으로 더욱 피폐해져 갔다.

해방 후 의령은 73%에 달하는 인구변동을 겪었다. 급격한 인구유입은 실업률의 증가 등 각종 경제 문제를 야기시키는 주요한 요인이 되었다. 농민이 대다수를 차지했던 의령에서 보다 심각한 문제는 식량정책이었다. 미군정의 비현실적인 식량공출정책은 농민들의 삶을 더욱 피폐하게 만들었다.

이러한 혼란은 9월 총파업을 뇌관으로 폭발하고야 만다. 1946년 9월 23일 부산철도노동자의 파업은 삽시간에 전국을 번졌다. 파업의 열기는 대구에서 절정에 달했다. 10월 1일 대구에서 시작된 항쟁은 10월 7일 경남지역으로 들불처럼 퍼져나갔다. 의령이 그 불길에 휩싸인 것은 일주일이 갓 지나서였다.

10월 8일부터 10일에 걸쳐 의령군 몇몇 지역은 항쟁의 불길에 휩싸였다. 10월 8~9일 밤 궁류면에서는 조선민주청년동맹원과 농민조합원들이 우익인사들의 집에 불을 질렀으며, 10월 9일 지정면에서도 같은 사건이 발생했다. 한편 봉수면에서는 조선민주청년동맹원과 농민조합원들이 주동이 되어 10월 8일과 9일 밤에 경찰초소를 공격해 소총 1정을 빼앗고, 우익인사들의 집에 불을 질렀다. 당시 그들은 일본도와 죽창으로 무장해 있었다.

| 지금의 신반파출소- 당시 신반지서)

의령의 10월 항쟁이 가장 격렬하게 진행된 곳은 부림면이었다. 10월 10일 장날을 맞아 부림면에 집결한 3백여 명의 군중들은 '식량배급', '식량공출반대', '친일파 처단', '정권을 인민위원회' 라

는 구호를 외치며 경찰과 대치하고 있었다. 시위대를 주도한 이들은 입산의 청년들이었다. 입산의 거의 모든 청년들은 강달교 등의 주도 아래 부림면 시위에 참여하였다.

시위대와 경찰의 대치는 부림면민들의 관심사였으므로 많은 군민들이 시위를 구경했다. 구경꾼들 사이에는 초등학생들도 끼여 있었고, 입산의 초등학생들은 산을 넘어 시위를 구경하러 가기도 했다. 시위대의 앞에 서 있었던 이는 강달교였다. 강달교는 경찰지서장에게 무장해제와 친일파의 앞잡이 노릇을 그만둘 것을 요구했고 지서장은 시위대의 해산을 강요하며 발포할 수도 있다고 위협했다. 경찰의 위협에 분노한 시위대들은 더욱 기세등등하게 경찰에게 자신들의 요구를 주장했고 급기야 지서장은 가장 선두에 있던 강달교에게 발포했다.

강달교는 탐진 안씨는 아니었지만, 탐진안씨의 외손으로 입산에 살고 있었다. 김해농고를 졸업한 뒤 고향으로 돌아온 강달교는 이웃 경산에서 과수원을 경영하면서 좌익활동에 빠져있었다. 강달교는 김해농고 시절 이미 사회주의사상에 경도되어 있었으며 해방이후 일련의 활동에도 적극적으로 참여하였다. 이런 강달교를 마을 내에서 열성적으로 후원한 이는 김해농고 동기였던 안경석이었다. 안경석 역시 사회주의사상에 매료되어 있었는데 그의 집에는 레닌의 초상화가 걸려 있었다고 한다.

부림면 지서장이 해산을 종용하며 마침내 발포하자 강달교는 그 자리에서 쓰러졌다. 아이러니하게도 지서장의 발포는 폭풍의 신호탄이 되었다. 강달교에 대한 발포에 분노한 시위대들은 즉각 경찰에 대한 공격을 개시했다. 불과 4~5명에 지나지 않았던 부림지서의 경찰들이 시위대를 감당할 수 없다는 것은 분명했다. 그들에게 남은 길은 재빨리 도주해 목숨을 부지하는 것이었다. 그러나 모두가 안전하지는 않았다. 논으로 도주한 김순경은 성난 군중에 의해서 그 자리에서 살해당하고, 수로로 도주한 경찰은 시위대에게 체포되었다가 겨우 목숨만은 부지할 수 있었다.

한편 진주에 주둔해 있던 미군정 부대는 시위소식을 듣고 즉시 출동하였으나 미리 진등재 도로를 파괴한 시위대 때문에 늦게야 부림으로 들어올 수 있었다. 부림으로 들어온 미군정은 부림면을 장악한 시위대를 즉시 몰아내면서 시위대에 대한 발포를 시작했다. 이 발포로 5명의 시위대가 사망하고 수명이 부상당했으며 48명이 체포당했다.

| 배나무진 : 신반지서 습격 당일 미군이 시위대를 향해 발포했던 곳이다. 배를 동여 매었던 나무가 있어서 배나무진이라고 했다. 지금은 나무는 없고 그 자리에 정자가 들어서 있다.

10월 항쟁을 결행한 다른 지역과 마찬가지로 입산 역시 항쟁이 끝난 후 대중적 기반과 조직은 심대한 타격을 입게 되었다. 부림지서를 습격한 저녁 입산의 마을 청년들은 강달교를 엎고 마을로 들어왔다. 하지만 부림지서 습격을 입산의 안씨들이 주도하였다는 것은 주지의 사실이었으므로 동료의 사망에 흥분한 경찰이 마을로 들이닥쳤다. 경찰들은 마을을 분탕들하면서 시위의 주모자들과 마을 청년들을 닥치는 대로 체포해 갔다. 이때부터 입산은 하루하루가 고통의 연속이었다. 시위와 관계없이 입산사람이라는 이유만으로 수많은 고초를 겪어야 했다. 입산의 청년들은 우익과 경찰들로

부터 자신을 지키기 위해 피신해야 했으며, 경찰들은 수시로 마을에 들어와 청년들을 체포해 갔다. 심지어 남녀의 구분없이 마을 어른들을 모두 연행해 가기도 했다. 연행된 사람들은 몸성히 다시 돌아오지 못했는데, 연행은 가혹한 구타와 고문으로 이어졌기 때문이었다. 이 과정에서 많은 사람들이 상했으며, 안경석과 같은 이는 결국 옥중에서 숨을 거두었다.

경찰의 탄압을 피해 마을 청년들은 주로 산으로 피신하거나 때로는 우익인사로 간주되었던 초대문교부장관 안호상 박사의 창고에 숨기도 했다. 기세등등한 경찰이 안호상 박사의 집을 수색하려 하면 안호상 박사의 부인이 "이 집이 뉘 집인줄 아느냐?"고 호통을 쳐서 쫓아내기도 했다고 한다.

부림지서 습격이후 안균은 경찰의 연행을 피해 박진으로 피신하기도 했으며 마을로 들어왔어도 수시도 들이닥치는 경찰들의 눈을 피해 몸을 숨겨야만 했다. 당시 안균이 주로 피신한 곳은 나무위라고 한다. 여름철 나무위에 올라가면 우거진 나뭇잎과 가지가 그의 몸을 숨겨 주었던 것이다. 하지만 피신은 그에게 달갑지 않은 선물을 주었다. 오랫동안 나무위에 앉아 있거나 차가운 곳에 몸을 숨기다 보니 그는 악성치질에 시달려야 했고 결국에는 병마를 이기지 못하고 1948년 5월 사망했다.

경찰들의 횡포는 독립운동가의 후손에게도 미쳤다. 백산의 장남이었던 안상록은 부림지서사건 이후 수시로 경찰들에게 끌려가야 했다. 경찰들의 횡포를 이기지 못한 안상록은 급기야 46년 11월 입산을 떠나 쫓기듯 대구로 피신가야 했다.

결국 부림지서 습격사건이후 입산은 빨갱이 마을로 낙인찍혀 경찰의 횡포와 감시의 대상이 되었다. 불과 10년 전만 하더라도 독립운동가들의 마을이 이제 빨갱이 마을로 전락해 친일경찰들의 분탕질을 겪게 된 것이다. 하지만, 앞으로 남아 있는 운명은 그들에게 더욱 가혹했다.

### 3) 고난의 세월

46년 10월 항쟁이후 경찰의 극심한 탄압으로 인해 대부분의 좌익들이 지하로 숨거나 고향을 등진 후, 입산에서 더 이상의 소요사태는 발생하지 않았다. 하지만 부림지서 습격사건 이후 입산에 가해진 시련은 시작에 불과했다. 빨갱이 마을로 낙인찍힌 입산의 앞날은 더욱 험난했다. 수시로 마을에 들어와 청년들을 체포하거나 구타를 일삼은 경찰의 행위는 이제 일상이 되었다. 이런 일상 속에 마을 주민들은 돌아올 수 없는 곳으로 떠나갔다.

우선 경찰의 고문과 검거로 많은 사람들이 다시 돌아오지 못하거나 고문 후유증으로 사망했다. 안균은 경찰에 연행된 후 수없는 고초를 겪으며 쇠약해져 1948년 향년 42세로 병사하고 만다. 일제시기 낙동강농민조합을 결성해 농민의 권익을 대변했고 의령의 인물로 정평이 나 있던 인물치고는 너무나 허망한 죽음이었다. 앞서 언급한 것처럼 강달교의 든든한 동지였던 안경석 역시 모진 고문 끝내 목숨을 거두었다. 이제 항일의 고장 입산은 빨갱이 마을로 각인되기 시작했다. 사람들은 유곡천변에 있던 입산, 구산, 경산을 기피했고, 경찰은 틈만 나면 이들을 괴롭혔다.

그러나 고통은 여기서 끝나지 않았다. 전국을 떠들썩하게 했던 안균의 맏아들 안관제(安寬濟)의 월북은 입산을 더욱 고통에 빠트렸다. 안관제는 미국의 원조계획에 의해 한국에 대여된 '킴볼 스미스' 호의 선장이었다. 스미스호에는 윌리스(기관장 고문)와 메쉬티(선장 고문)라는 미국 고문관들도 승선해 있었다. 49년 9월 21일 부산에서 소금 1,800톤을 싣고 군산으로 향하던 도중 스미스호는 돌연 미국인 고문관들을 결박한 다음 월북해 진남포로 가버렸다. 이후 송환된 윌리스와 메쉬티의 증언에 의하면 자신들을 결박하여 월북을 주도한 이는 선장 안관제였다. 이 사건은 갓 출범한 이승만 정부에게는 커다란 경제적 · 정치적 타격이었다. 이승만 정부는 스미스호의 월북이후 경상남도에서의 해운을 일시 중지시키는 등 강경한 조치를 취할 수밖에 없었다.

한편 흥미로운 점은 스미스호의 월북에 유명한 성시백이 개입되어 있었다는 견해이다. 유영구는 『남북을 오고 간 사람들』이라는 책에서 스미스호의 월북에 성시백이 깊게 개입되어 있었다고 주장한 바 있으나 그 구체적인 내용이 사실과는 많이 다르다. 유영구는 김창선, 김창규 형제가 선상반란을 일으켜 선장을 제압하고 스미스호를 월북시켰다고 하였으며 여기에 성시백이 깊이 관여해 있다고 했다. 그러나 앞서 언급한 것처럼 스미스호의 월북은 선장이었던 안관제가 주도하였고, 현재까지 안관제와 성시백의 관계를 확인시켜 줄만한 기록은 없다. 따라서 성시백이 스미스호의 월북에 적극적으로 개입하였다는 사실은 보다 정확한 사료가 제시되어야 확인할 수 있을 것이다. 다만 어떤 의도인지 몰라도 당국이 입산마을과 성시백을 연결시키려 했다는 정황은 포착할 수 있다. 이는 49년 이후 입산에서 일어난 일련의 사건들을 고려해 보면 추정할 수 있다.

성시백은 황해도 평산 출신으로 소학교를 마친 후 서울에 올라와 중동학교 고등과를 졸업하였으며 재학 중 3 · 1운동에 참가하였고, 1925~1926년 고려공산청년회에서 활동하였다. 1928년경 상해(上海)로 망명하여 1932년 중국공산당에 입당하였고, 호종남(胡宗南) 사령관의 막료로 정향명(丁向明)이라는 가명을 사용하며, 국민당 통치하의 서안지구 공산당 정보기관의 총책임자로 활동하는 등 지하활동에 종사하였다.

이 일로 그는 중국 수상을 지낸 주은래(周恩來)와 깊은 인연을 맺었다. 상해에서 중국혁명호제회(中國革命互濟會) 회원으로 활동하다가 체포되어 남경(南京)감옥에서 복역하였으며 1935년 중경(重慶) 조선민족혁명당에 입당하였다. 남경과 중경에서 생활하면서 성시백은 의열단원들, 상해임정 요인들과 매우 도타운 관계를 유지하였다.

해방 후 성시백은 북으로가 대남사업과 관련된 부서인 5호실 실장에 임명되어 46년부터 본격적으로 남한에서 활약하였다. 성시백은 주로 남로당에서 소외된 인사들에 대한 공작 임무를 담당하였던 것으로 알려져 있으며 이는 김일성의 직접 지시에 의해 이루어진 것이었다. 1948년 4월 남북연석회의에서 실무역할을 담당했고, 8월 해주에서 열린 남조선인민대표자대회에 참가하였다. 인민대표자 대회이후 다시 월남하여 통일전선사업을 전개하던 중 1950년 5월 15일 검거되었다. 성시백이 검거되자 각 신문들은 연일 대서특필했다.

이러한 성시백 사건은 입산마을에도 영향을 미쳤던 것으로 보인다. 성시백은 군부 내에 적잖은 영향력을 행사하였으며 진해통제부사령관 이모씨와도 긴밀한 유대를 갖고 있었다. 또 성시백은 5월 30일 2대 국회의원선거에서 조소앙과 같은 임정계 인사들을 지원하려 했다.

이러한 활동을 벌이던 성시백이 검거되자 그 불똥이 입산 사람들에게 튀기 시작했다. 당시 입산출신 안국제는 제2대 국회의원에 출마하였다. 안국제는 일제시기 면장을 역임한 바 있으며 신반천 제방을 정비하였고 면내에서 상당한 신망을 얻고 있었다. 무소속으로 출마한 안국제는 당시 이시목(李時穆) 후보와 경합하고 있었다. 안병도의 증언에 의하면 안국제 선거에 열성적으로 참여하고 있었던 숙부 안양상(安良相)씨는 이 일로 경찰에 연행되어 진주형무소로 이송된 후 끝내 고향으로 돌아올 수 없었다. 한국전쟁의 발발과 함께 진주형무소 수감자들에 대한 예비검속이 단행되면서 학살당한 것으로 추정된다.

마을 사람들은 안양상이 연행된 것이 자유당에 반대하다 연행된 것으로 기억하지만, 자유당은 51년에 와서야 창당되므로, 안양상의 연행을 자유당과 연결시킬 수는 없다. 안양상이 연행된 직접적인 이유는 당국이 안국제와 성시백과의 관계를 추궁하기 위해서였을 가능성이 높다. 앞의 기사에서도 확인되듯이 성시백은 당시 임정계 인사들의 출마를 적극 지원하고 있었으므로, 백산 안희제의 동생이었던 안국제 의원도 성시백과 연관시켜 공격하려 했을 가능성이 높다. 단지 선거운동 과정에서 발생한 야당 탄압이라면 진주형무소까지 이송될 필요없이 깡패들을 동원해도 가능하였던 일을 굳이 진주형무소까지 이송한 것은 성시백과 안국제를 연결시켜 조사하려는 의도가 있었기 때문이었다.

성시백 사건의 피해는 안국제에게만 국한 되지 않았다. 백산 안희제의 막내아들 당시 진해 해군사관학교 교수로 있던 안상문도 이 사건이후 행방불명되었다. 안상문은 월북한 스미스호 선장 안관제와 비슷한 연배로 평소 잘 어울렸다고 한다. 안상묵의 증언에 의하면 안상문이 해군사관학교 학생들을 월북시키려하다 검거되었다고 하는데, 당시 신문기록으로 보아 그런 사실은 확인되지 않는다. 아마 공안당국이 안상문 교수를 성시백과 연결시키고 이를 월북기도사건으로 포장하려 한 것이 와전된 이야기로 판단된다.

안국제 선정비
안희제의 동생, 안국제는 부림면장을 지낸바 있는데, 지금도 그의 선정비가 남아 있다.

한편 안상엽의 증언에 의하면, 입산출신 안호제, 안경제, 안상제 역시 경찰에 연행된 뒤 다시 돌아오지 못했다고 하는데, 이들 역시 성시백 사건과 관련하여 연행되었을 가능성이 높다. 성시백 사건으로 연행된 사람들은 모두 112명이었고 1950년 6월 3일 1차로 14명이 검찰에 의해 구속되어 송치되었으며 나머지 98명은 계속 조사받고 있었다.

그런데 사건에 대한 최종판결이 나오기도 전에 한국전쟁이 발발했고 성시백 등은 1950년 6월 26일 총살당하였으며, 관련자들 역시 어떻게 된 이유인지 다시 돌아오지 못했다. 추측컨대 한국전쟁 이후 좌익사범과 국민보도연맹원들에게 실시된 예비검속의 소용돌이 속에서 목숨을 잃었을 것이다. 관련자들의 실종처럼, 성시백 사건의 전모는 밝혀지지 않아 그 구체적인 관련자들을 확인할 수 없지만, 성시백 사건으로 조사받았던 사람들 가운데에는 입산출신 사람들도 일부 포함되었던 것으로 보인다.

한편 보다 중요한 문제는 입사사람들이 정말 성시백과 관계가 있었는지이다. 현재까지 그러한 증거를 찾아보기는 어렵다. 오히려 이승만 정부가 성시백 사건을 빌미로 자신들에게 우호적이지 않았던 사람들에게 대대적인 탄압을 가했고 그 과정에서 입산 사람들도 희생된 것으로 보인다. 당시 사건이 얼마나 부풀려 졌는지는 성시백의 공작대상이 되었던 사람들의 면모를 통해 확인할 수 있다. 당시 산업신문 1950년 5월 27일자에는 성시백이 공작하려 했던 몇몇 인물들이 언급되어 있다.

"협상파로서 입후보한 박건웅(朴建雄 ; 서울 용산 을구), 장건상(張建相 ; 부산 을구), 김성숙(金星淑 ; 경기 고양), 김붕준(金朋濬 ; 서울 성동), 김린(金燐 ; 서울 용산 갑구), 유석현(劉錫鉉 ; 서울 종로 갑구), 윤기섭(尹琦燮 ; 서울 서대문 을구), 조소앙(趙素昻 ; 서울 성북구), 원세훈(元世勳 : 서울 중구 갑구) 등을 포섭할 상대자로 결정하여 前記 김승원에게 미화 1만 4,800달러를 맡겨 이를 포섭대상인 소위 협상파들에게 선거비용으로 지급할 예정 밑에 포섭공작을 진행중에 있었던 것이다."

여기에 언급된 조소앙, 박건웅 등은 모두 우익계 인물들로 이후 전부 독립유공자로 포상을 받았다. 특히 이들 가운데 조소앙, 원세훈 등은 2대 국회의원에 당선되었으며 특히 조소앙은 전국 최다 득표로 당선되었다. 이러한 사정을 고려해 보면 성시백 사건은 이승만 정권에 의해 부풀려져 선거를 앞둔 조직사건으로 이해된다. 때문에 입산마을 역시 실제 성시백과 연관이 있었다기보다는 당국의 조작에 의해 성시백과 연관되어 희생된 것으로 보는 것이 타당할 것이다.

성시백 사건으로 입산의 비극이 종결된 것은 아니었다. 입산리 사람들에게는 '국민보도연맹(國民保導聯盟)' 이라는 새로운 시련이 남아 있었다. 국민보도연맹은 해방 후 이승만 정권이 정권유지를 위해 고안해낸 좌익 포섭단체로, "개선의 여지가 있는 좌익세력에게 전향의 기회를 주겠다"는 명목으로 만들어졌다. 그러나 보호하여 지도한다는 명목으로 만들어진 보도연맹은 보호하기보다 좌익세력의 색출에 더 열을 올렸다. 좌익활동을 한 적이 있거나 좌익시위에 가담한 자들을 강제적으로 보도연맹에 가입시켰으며, 그래도 할당량을 채우지 못하면 갖은 유혹으로 농민들을 회유하기도 했다.

46년 부림지서 습격에 적극적으로 가담하였고 안국제 출마 등으로 이승만 정권과 원만한 관계를 유지하지 못했던 입산마을은 당연히 보도연맹 충원의 원천이 되었다. 많은 입산사람들은 강제적으로 혹은 정부의 회유를 믿고 보도연맹에 가입하였다. 거기에는 안순제와 강달교의 부인 등과 같은 사람들도 포함되어 있었다. 일견 보도연맹의 가입으로 빨갱이 마을이라는 딱지는 해결되는 듯

했다. 하지만 전쟁은 모든 것을 바꾸어 버렸다.

1950년 6월 25일 발발한 전쟁은 엄청난 시련을 가져다주었다. 전쟁의 발발과 함께 이승만 정권은 국민보도연맹원들에 대한 예비검속을 단행하였다. 입산의 보도연맹원들도 예비검속을 피할 수 없었다. 이웃 경산, 구산 주민들과 함께 입산초등학교로 소집된 보도연맹원들은 어디로 향하는 지도 모른 채 트럭에 실려 떠나갔다. 의령의 다른 지역에서 소집된 보도연맹원들과 함께 그들이 마지막으로 끌려간 곳은 정곡면에서 유곡면으로 넘어가는 막실고개였다. 그곳에서 그들은 집단사살 당했다. 안상엽의 부친 안순제는 이 때 희생되었는데, 안상엽은 시신이라도 수습하려는 일념으로 겨우 부친의 유골만은 수습할 수 있었다고 한다. 하지만 안상엽씨는 이후 어린동생들과 함께 힘겨운 삶을 살아야 했다.

국민보도연맹과 관련하여 주목되는 사실은 입산을 포함한 의령지역 국민보도연맹 희생자 유가족들의 태도이다. 4.19로 이승만 정부가 몰락한 후, 2공화국이 들어서자 많은 지역에서 국민보도연맹 희생자들의 억울함을 풀기 위해 유가족회가 결성되고 진상규명 투쟁을 벌였다.

하지만 의령은 고요했다. 의령에서는 그 어떤 움직임도 없었다. 이런 분위기는 지금도 마찬가지이다. 최근 한국전쟁당시 민간인 학살 진상조사가 활발히 진행되었고, 경남지역의 경우 국민보도연맹 희생자를 조사한 단행본이 부산일보의 김기진 기자에 의해 출간되기도 했지만, 그곳에서도 의령지역의 국민보도연맹 희생자에 대한 내용은 찾아보기 어렵다.

‖ 표9 경상남도 보도연맹 관련 피해자 현황 ‖

| 지명보고된 희생자 | 수지명 보고된 희 | 생자 수 | |
|---|---|---|---|
| 울산 | 869 | 진주 | 1,218 |
| 양산 | 712 | **의령** | **?** |
| 김해 | 551 | 함안 | 8 |
| 진해 | 18 | 창녕 | 150 |
| 창원 | 40~50 | 합천 | 30 |
| 밀양 | 330 | 남해 | 29 |
| 마산 | 1,681 | 거창 | 12 |
| 통영 | 200 | 함양 | 20 |
| 고성 | 220 | 산청 | 200~300 |
| 하동 | 110 | | |

* 김기진, 『국민보도연맹』, 역사비평사.

문헌이 없어 증언에만 의존할 수밖에 없으므로 피해 당사자들의 입을 통하지 않고서는 사건의 진상을 파악할 수 없다는 사정을 고려한다면, 이 같은 결과는 의령지역의 희생자들이 여전히 국민보도연맹 희생에 대해 함구하고 있음을 확인시켜 준다. 이러한 의령 사람들의 태도에서 무엇을 확인할 수 있을까? 우리는 그들의 침묵 속에서 해방과 한국전쟁을 거치면서 국가에 의해 자행되어 온 폭력의 크기를 가늠할 수 있다. 기억하기 싫을 정도의 철저한 탄압은 어쩌면 아직도 그들의 입을 얼어붙게 하고 있을 지도 모른다.

한편 전쟁은 마을에 엄청난 재산피해를 가져다주었다. 6.25가 발발한 후, 인민군은 여름이 오기 전에 입산으로 들이 닥쳤다. 이미 좌우대립으로 많은 피를 흘린 입산사람들은 전쟁을 피해 가족별로 피난길에 올랐다. 이들은 인민군의 발길이 닿지 않아서 미군의 폭격도 없는 산간 오지로 숨어들었다. 그러나 피난길이 안락한 것은 아니었다. 피난길에 인민군을 만나면 인민군들은 젊은 남자들을 시켜 군수품을 나르거나 참호를 파게 했다. 인민군에게 잡혀간 대부분의 입산남정네들은 도주하여 인명피해는 없었지만, 다른 마을 남자들 가운데는 낙동강으로 가 다시는 돌아오지 못한 이들이 많았다. 미군과 국군의 포격을 피하지 못했던 것이다.

| 종가 총탄자욱 : 한국전쟁 당시 입산마을에는 인민군 야전병원이 있었기 때문에 미군들의 공격대상이 되었다. 종가에는 지금도 총탄 자욱이 남아있다.

한편 무사히 피난지로 가더라도 굶주림에 시달려야 했다. 먹거리를 미처 가져가지 못한 많은 이들은 초근목피로 연명해야 했고, 도리없이 입산의 집에 남겨둔 양식을 찾으러 가야 했다. 하지만 젊은 남자들은 인민군에 의해 전선으로 끌려갈 우려가 있었기 때문에 마을로 접근할 수 없었다. 때문에 부녀자들이 용기를 내야 했다.

배고픔에 지친 오말희 할머니는 용기를 내어 입산으로 향했다. 입산에 무사히 도착한 오말희 할머니는 인민군들로부터 한끼 식사를 대접받은 후, 곧장 집으로 가 숨겨두었던 양식을 가지고 가족들에게 돌아가려 했다. 하지만 곧이어 들이닥친 미군 비행기는 인민군 야전병원이 있던 입산을 정신없이 폭격했고, 오말희 할머니는 양식을 챙길 겨를도 없이 목숨을 구하기 위해 황급히 마을을 빠져나와야 했다.

| 당시를 증언한 오말희, 성분희 할머니 : 입산으로 시집와 모진세월 견뎌냈던 두 할머니, 가운데가 오말희, 오른편이 성분희 할머니이다.

낙동강에 위치한 여느 마을들처럼 입산도 미군의 폭격으로 많은 재산 피해를 입었다. 인명피해를 입지 않는 것만으로도 만족해야 했지만, 미군의 폭격으로 수많은 가옥들이 파괴되었다. 미군의 폭격으로 남쪽에 위치한 가옥들이 큰 피해를 입었고 상대적으로 북쪽에 위치한 가옥들, 종가, 안호상 박사 생가, 백산 생가 등은 다행히 폭격을 면할 수 있었다. 당시 미군의 폭격이 얼마나 거세었는지는 종가 기둥에 남아 있는 총탄 자욱과 전쟁이 끝나고 논에 폭탄이 박혀 있었다는 안경란의 증언을 통해 확인할 수 있다.

인천상륙작전과 더불어 낙동강전선이 붕괴되고 인민군들은 황급히 쫓겨 갔다. 낙동강에서의 전투도 마침내 끝이 난 것이다. 이제 지긋지긋한 폭격도, 인민군으로부터 부역에 징발될 위협도 없었다. 그렇다고 삶이 평안한 것은 아니었다. 인민군 야전병원이 있었던 마을은 그야말로 쑥대밭이 되어 있었다. 폭격으로 집이 사라진 것이 제일 큰 문제였지만, 인민군들이 가축과 양식 심지어 장까지 모조리 다 먹어치워 당장의 끼니가 더 절박했다. 그렇다고 이대로 무너질 입산은 아니었다. 주민들은 하루하루 먹거리를 걱정하며 열심히 가사를 돌보며 전쟁의 피해를 극복해 나갔다. 굶주림이라는 위협에서 벗어나 정신을 차려 보니, 수백년 이어온 입산의 소중한 유산이 전쟁과 함께 날아가 버린 것을 깨달았다. 종가 등에 보관되어 있던 문서들과 고서들이 인민군의 봉대 혹은 불쏘시게로 사라져 버린 것이다. 전쟁은 이렇듯 입산의 사람들, 재산들, 그리고 자긍심마저 파괴시켜 버린 것이다.

#### 4) 남겨진 사람들

36년이라는 외세의 압제도 굳건하게 맞서며 자존을 지켜온 입산 사람들에게, 해방에서 전쟁에 이르는 8년은 마치 지옥과도 같았다. 일본 경찰보다 더 잔혹한 경찰의 손길에 수많은 마을 청년들이 죽거나 다른 곳으로 떠나야 했다. 일부는 자진해서 북으로 가기도 했고 일부는 빨갱이라는 이름으로 잡혀간 뒤 소식을 알 수 없었다. 인고의 세월을 견뎌온 사람을 무색하게 할 만큼 세월은 그렇게 흘러갔다. 하지만, 상처는 지워지지 않았다. 상처는 눈에 띄게 줄어든 마을 청년들, 그리고 혼란의 와중에 사라진 젊은 인재들의 빈자리에서 쉽게 확인되었다.

현재까지 해방 8년 동안 상하거나 사라진 입산사람들의 수가 어느 정도인지를 구체적으로 확인할 수 있는 기록은 존재하지 않는다. 마을사람들은 그저 그때 많은 사람들이 목숨을 잃었다고 말할 따름이다. 당시 입산 청년들의 피해가 어느 정도였는가에 대한 편린은 1930년과 1959년의 연령별 인구추이에서 확인할 수 있다. 1930년과 1959년 부림면의 청년층 인구추계는 아래의 표와 같다.

‖ 표10 부림면 청장년층 인구 추이 ‖

| 연도 | 연령 | 남 | 녀 | 계 | 차 | 부림면 전체인구수 | | | | 전체인구비율 |
|---|---|---|---|---|---|---|---|---|---|---|
| | | | | | | 남 | 녀 | 계 | 차 | |
| 1930 | 20~24 | 363 | 324 | 787 | +39 | 4,366 | 4,159 | 8,525 | +207 | 9.23% |
| | 0~5 | 848 | 829 | 1,677 | +19 | | | | | 19.67% |
| | 0~14 | 1,783 | 1,697 | 3,480 | +86 | | | | | 40.82% |
| 1959 | 50~54 | 192 | 217 | 409 | −25 | 5,391 | 5,469 | 10,860 | −78 | 3.76% |
| | 30~35 | 269 | 357 | 626 | −88 | | | | | 5.76% |
| | 0~14 | 2,352 | 2,128 | 4,480 | +224 | | | | | 41.25% |

『조선국세조사보고』(조선총독부), 『통계년보』(1960, 의령군)
(여자의 수가 많을 경우는 −, 남자의 수가 많을 경우는 +로 표시)

위의 표에서 우선 주목되는 사실은 1959년 당시 부림면 전체 인구에서 30~34세가 차지하는 비율이 1930년대 20~24세의 인구에 비해 상대적으로 낮음을 확인할 수 있다. 1930년대 20~24세의 비율이 9.23%였음에 반해 1959년 30~34세의 비율은 5.76%에 지나지 않는다. 더욱이 1959년 당시 30~34세의 인구는 626명으로 1930년 당시 20~24세의 인구 787명보다 감소하였다. 부림면 전체 인구가 2천명이상 증가하였다는 사실을 고려해 보면 이는 매우 흥미로운 현상이다.

이러한 추계는 0~14세의 인구추이와 좋은 대조를 이룬다. 우선 0~14세까지의 인구는 1930년 3,480명에서 4,480명으로 증가하였음을 확인할 수 있다. 그러나 이러한 증가에도 불구하고 부림면 전체인구에서 이들 연령대가 차지하는 비율은 그리 큰 변동을 보이지 않았다. 이들 연령대가 부림면 전체에서 차지하는 비율은 1930년은 40.82%, 1959년에는 41.25%를 차지했다. 요컨대 0~14세의 아동들의 전체 인구의 변화추이에 발맞추어 큰 변동 없이 증가하고 있었던 반면에, 부림면에서 청년층의 인구는 오히려 감소하고 있었던 것이다. 왜일까?

보다 자세하게 검토하기 위해 상대적으로 1959년 당시 낮은 수치를 보이는 30~34세에 해당하는 사람들의 변화를 검토해 보자. 59

년 당시 30~34에 해당하는 사람들은 대개 1925~30년의 시기에 출생한 이들로 1930년 인구조사 당시에는 0~5세였다. 표에서 확인할 수 있듯이 1930년 당시 부림면에서 0~5세의 인구는 모두 1,677명이었다. 이는 1959년 626명보다 무려 1,000명 이상 많은 수치이다. 또 전체 인구에서 차지하는 비율도 19.67%에 달했다. 물론 영아 혹은 유아의 사망률에 대한 고려도 필요할 것이다. 그러나 그렇게 보기에는 인구의 감소폭이 너무나 크다.

물론 비단 이 연령대의 인구만이 감소한 것은 아니다. 표에서 확인할 수 있듯이 1930년대 20~24세였던 사람들도 세월이 지나며 그 수가 감소했다. 1930년 당시 787명이었던 사람들이 1959년에는 409명으로 감소했다. 그러나 이들 연령대의 감소폭은 0~5세의 감소폭보다 크지 않아 0~5세의 인구수의 감소가 상대적으로 컸음을 확인할 수 있다.

전반적인 인구감소와 더불어 주목되는 사실은 여성에 비해 남성의 감소가 더욱 많았다는 사실이다. 1930년 부림면에는 남자가 여자들 보다 많았지만, 1959년에는 여자가 남자들 보다 많음을 확인할 수 있다. 특히 청년층에서 남자의 감소는 보다 두드러진다.

도대체 30년 동안 어떤 일이 있었길래, 청년층들의 인구가 이렇게 감소한 것일까? 가장 주목되는 것은 역시 해방후에서 한국전쟁에 이르는 격동기이다. 앞서 살펴보았듯이 부림은 1946년 10월 항쟁이후 이승만 정권의 지속적인 탄압의 대상이 되었으며, 낙동강전선과 인접해 있어 여러모로 인적 · 물적 손실을 피할 수 없었을 것이다. 특히 1950년 당시 20~24세에 해당하는 젊은이들은 사회주의 활동에 적극적이어서 탄압의 대상이 될 수밖에 없었으며, 한국전쟁 기간에는 국군과 인민군의 징병대상이 되어 많은 희생을 치를 수밖에 없었을 것이다. 따라서 부림면에서 1925~30년 사이에 출생한 사람들의 인구감소가 두드러지고 남성에 비해 여성인구가 많은 현상은 한국전쟁을 전후로 부림면이 전쟁의 피해를 많이 입었음을 보여주는 것이라 생각된다. 그리고 그 피해의 중심에는 유곡천 변에 위치하면서 사회주의 활동을 강력하게 전개하던 입산, 구산, 경산 등이 자리잡고 있었을 것이다.

한편 한국전쟁이 인적, 물적 피해만을 가져다 준 것은 아니었다. 보다 심각한 피해는 마을사람들의 정신적 트라우마였다. 해방 8년을 겪으면서 받았던 상처는 마치 흉터처럼 그들의 뇌리에서 지워지지 않은 채 남아 있었다. 마을사람들은 이제 독립운동의 요람이라는 당당함이 아니라, 빨갱이 마을 사람들이라는 오명을 뒤집어 쓴 채 살아야 했다. 언제부터인가 '설메안씨'는 빨갱이라는 선입견이 생겨났고 때로 그 선입견은 입산출신자들을 옥죄이는 족쇄이자 스스로 자신을 얽어매는 사슬이 되어 버린 것이다.

| 증언하는 안경란 안경란선생은 안희제의 손녀, 즉 안상록선생의 딸이다. 경란이라는 이름은 안희제가 지어준 것이라 한다.

그러나 모두가 움츠려 있었던 것은 아니었다. 때로 작지만 희망을 틔우기 위한 노력도 경주되고 있었다. 살아남은 사람들은 교육을 통해 세상을 바꾸려는 입산의 전통을 유지해 나가고 있었다. 백산의 장남 안상록은 안병윤, 안병도, 안경란, 안찬달, 강희구 등과 함께 새롭게 야학을 시작했다. 야학은 63~65년에 걸쳐 실시되었는데, 강습장소는 주로 입산초등학교였고 때로 안상록의 자택에 모여 공부하기도 했다. 안상록은 한문을 가르쳤으며, 강희구는 수학을, 안경란은 영어를 가르쳤다고 한다.

# III 인물

# 인물

## 안기종(安起宗)

자는 응회(應會), 호는 지헌(止軒)이다. 그의 호는 임진왜란이 소강상태였던 1595년에 그가 율리에 은거하면서 지은 당호에서 유래한다. 그는 1556년 의령군 안동리(安洞里, 안골)에서 태어나 1633년에 작고했다.

그는 증 정랑(贈正郎) 안인(安仁)의 아들이다. 어려서부터 기골이 장대하고 힘이 세어 장사라는 칭찬을 받았으며, 천성이 충효스러워 맛있는 음식이 있으면 모친에게 드리기 전에는 먹지 않았다고 한다. 이에 사람들이 황향(黃香)과 육적(陸績)에 비교하였다. 그는 1573년 광주 노씨와 결혼하였으며, 인근의 이대기(李大期), 전치원(全致遠) 등과 교유하였다. 1575년 효행으로 사옹원봉사에 제수되었다. 1592년 임진왜란이 발발하자 봉사(奉事)로서 칼을 집고 용연정(龍淵亭)으로 망우당 곽재우(郭再祐)를 찾아뵙고 강개한 어조로 국사에 헌신할 것을 표명했다. 망우당은 그 뜻을 장하게 여겨 격문을 보이고, 방금 동지들과 대사를 도모할 때 그대의 말이 이와 같으니 국가에 다행이다라고 하였다고 한다. 그는 이로부터 복병장으로 활동하며 상당한 공을 세웠는데, 임진왜란이 발생한 초기에 낙동강가인 의령군 유곡에서 매복해 있다가 기강전투에서 두드러진 전공을 세웠다.

그는 율리에 은거한 이후 1598년 송암(松巖) 이로(李魯)가 금산의 객관에서 죽은 후 소산(所山)에 반장(返葬)할 때 참석하였다. 1601년 군자감 판관(軍資監判官)에 제수되고, 무경(武經)을 하사받았다. 1603년 비슬산의 곽재우를 찾아뵈었으며, 1604년에 군자감정(軍資監正)에 제수되고, 선무원종공신 3등에 훈록되었다. 1619년에 곽재우를 위해 현풍 가태리에 충현사(忠賢祠)를 건립할 때 경상도의 사림들과 함께 관아에 청원하고 협조하였다. 1629년 동리의 인사들과 금란계를 정비했다.

1784년 묘갈명이 지어졌으며, 1866년 충효사가 건립되었다. 1892년에 이조참의(吏曹參議)에 증직되었다. 그에 대한 기록으로는 『지헌실기(止軒實記)』가 있으며, 지헌고택이 남아 있다.

### 안택(安宅)

자는 대언(大彦), 호는 일와(逸窩)이다. 증 이조참의 안기종(安起宗)의 아들이다. 1587년에 태어나 1648년에 작고했다. 그는 병자호란을 당하여 청나라와 강화를 하자 율리로 은거하였으므로 숭정처사(崇禎處士)라 불이었다. 1637년에 선무랑 교수(宣務郎敎授)를 제수하였으나, 나아가지 않았다. 장례원 판결사(掌隸院判決事)에 추증되었다.

### 안준(安寯)

자는 평재(平哉), 호는 돈와(遯窩)이다. 증 이조참의 안기종(安起宗)의 아들이며, 안택의 동생이다. 1591년에 태어나 1680년에 작고했다. 그는 병자호란 때 남한산성에 갇힌 국왕을 구하기 위해 인근 마을의 괴당(槐堂) 이만승(李曼勝, 1590~1659)과 함께 의병을 일으키려다가 국왕 인조의 항복 소식을 듣고 부산(富山) 마을로 들어가 은거하였는데, 자신이 거주하는 동리를 춘산(春山)이라 명하였다고 한다. 그를 기리는 춘산재가 건립되어 있다.

## 안대수(安大壽)

자는 행원(行源)이다. 1713년에 출생하여 1793년 작고했다. 그는 18세 때 함양에서 정희량이 반란을 일으키자, 오명항을 도와서 평정하는데 공을 세웠다. 만년에는 임천(林泉) 사이에서 학문에 정진하였다. 가선대부행첨지중추부사(嘉善大夫行僉知中樞府使)를 지냈다.

## 안여석(安如石)

1717년에 태어나 1787년에 작고했다. 1778년 입산리 뒷산 중턱에 고산재를 세워 만년을 보낼 장소로 삼으려 했으나, 다시 바위 아래에 집을 지어 1804년 고산서당이라 하였다. 여기서 고을의 자제들을 교육시켰다. 또 영산에 있던 칠효정려각을 입산마을 입구로 옮겨와 다시 세웠다. 그리고 탐진안씨 가문의 제사를 지낼 사우로 상로재(霜露齋)를 건립하였다. 그에 대한 기록으로는 『설산재유고(雪山齋遺稿)』가 남아 있다.

## 안덕문(安德文)

자는 장중(章仲)이요, 호는 의암(宜菴)이다. 설산재(雪山齋) 안여석(安如石)의 아들이며, 입재 정종로의 문인이다. 1747년에 태어나 1823년 작고했다.

그는 어려서부터 뛰어났다. 10여 세에 읍재(邑宰)가 선비를 시험한다는 말을 듣고 시험장에 나가 글을 지으라고 하자, 서서 응대하는 것이 어른과 같으므로 장중에서 모두가 놀랐다고 한다. 장성하여서는 부친의 명으로 과문을 배웠고, 부모상을 당한 뒤에는 그도 이미 늙은 나이였다. 그는 시대의 학문에 말폐가 심함을 보고서 나에게 본래 도리가 있으니, 그칠 수 없다 하고서 글을 지어 맹서하고 산 속으로 자취를 감추어 오직 경학(經學)과 양성(養性)을 일삼으며, 간혹 시를 짓고 술을 마시는 것으로 유유자적하며 세월을 보냈다. 어떤 사람이 스승을 따라 배울 것을 권고하였는데, 공은 남의 글을 표방하여 아름다운 이름을 취하는 것은 부끄러운 일이라고 했다. 항상 난계(蘭溪) 남당(南塘)의 이잠(二箴)과 주자가정(朱子家政) 한 편을 눈으로 보며 몸으로 행동하였다. 평생에 회재(晦齋), 퇴계(退溪), 남명(南冥) 세 선생의 도덕을 흠모하여 화공에게 세 선생을 배향한 서원을 그리도록 하여 벽상에 걸어 놓고서 높이 경모하는 생각을 하였다. 또한 생활에서는 농사를 권장하였으며, 경제에 대한 의론에는 모두 조리가 있어 식자의 칭찬을 받았다. 더불어 사귄 친구는 입재(立齋) 정종로(鄭宗露) 등인데, 모두가 일시에 명망이 있었다. 1797년 의령 지역의 교육을 위해 사림들과 협력하여 흥학당(興學堂) 건립을 주도하였으며, 남명 조식의 현창을 위해 노력하였다. 고산재를 일신하여 1804년 고산서당으로 만들었다.

그의 저술로는 『의암집(宜庵集)』, 『삼산원기(三山院記)』, 『삼산도지(三山圖誌)』가 남아 있다.

### 안문석(安文石)

자는 황지(黃之), 호는 북암(北巖)이다. 1757년에 출생하여 1826년에 작고했다. 그는 어려서는 설산공 안여석에게 배웠으며, 이후 고산재에서 의암 안덕문과 함께 날마다 강론을 일삼고, 후학 지도에 심혈을 기울였다. 성품이 청렴하고 절개가 있어 안빈낙도의 의리를 지켰으며, 언제나 모범된 행동으로 배움에 힘써 후학에게 모범을 보였다. 그에 대한 기록으로는 『북암집(北巖集)』이 남아 있다.

### 안덕광(安德光)

자는 치양(稚陽), 호는 가소헌(可素軒)이다. 1783년에 출생하여 1840년에 작고했다. 그는 어릴 적부터 천성이 뛰어나고 학문을 중시하였으며, 필법이 뛰어나 여러 원액(院額)과 당안(堂案)을 써서 주위 사람들로부터 찬탄을 받았다. 나이가 들어서 자양정(紫陽亭)을 건립하여 세속에 물들지 않고 유유자적 하였다. 그에 대한 기록으로는 『가소헌집(可素軒集)』이 남아 있다.



**안덕승(安德升)**

자는 군건(君建), 호는 난암거사(蘭巖居士)이다. 1789년에 안석문의 아들로 출생하여 1826년에 작고했다. 그는 과거에 대한 뜻을 버리고 오직 학문에만 전심전력을 다하였는데, 면암 안영로 등과 7시사(詩社)를 만들었다. 효성이 지극하여 모친상을 당해서는 3년간 죽으로 연명하였다. 그는 천성이 어질고 효우가 돈독하며, 언론에 추상하여 표리가 없고 지식이 해박하였다. 그에 대한 기록으로는 『난암집(蘭巖集)』이 전한다.

**안상로(安相老)**

호는 여환(旅寰)이다. 1800년에 출생하여 1833년에 작고했다. 그는 항상 마음이 넓고 인정이 많아 세상 사람들에게 선행을 많이 베풀었다. 젊었을 적에는 국상에 올랐고 진사에 급제하였으나 관직을 사양하였다. 만년에는 백화정(百花亭)을 지어 유유자적하였다.

**안신로(安莘老)**

자는 극수(極叟), 호는 화정(花亭)이다. 1794년에 태어났다. 1827년에 생원(生員)이 되었다. 인정이 있어서 이웃과 일가들의 혼인 장사에 조력했으며, 친구의 아들들을 돌보았으므로 향당에서 칭찬했다. 그에 대한 기록으로는 『화정집(花亭集)』이 전한다.

**안영로(安英老)**

자는 회수(晦叟), 호(號)는 면암(勉菴)이다. 설산재(雪山齋) 안여석의 증손이며, 정재 유치명의 문인이다. 1797년에 태어나 1846년에 작고했다. 그는 어려서부터 지성이 있어 어버이의 뜻을 온순하게 받들었으며, 한 번 본 것은 문득 기억하며, 작문을 하는 데는 쓸

데없는 헛소리가 없었으며, 시를 짓는 데는 아담하게 실상에 그치고 과장이 없었다. 또 근래 학자들이 사실을 그대로 배우지 않고 과장 성세하며 지경(至敬) 공부에는 미흡함으로 스스로 더욱 자취를 숨기고 학업에 치중하였다고 한다. 늦게서야 서산(西山), 소은(素隱), 조수(釣叟) 등 여러 가지로 호를 삼았는데, 대개 고기를 낚는데 뜻을 의탁하고 평생을 마치고자 하였다. 그에 대한 기록으로는 『면암집(勉菴集)』이 전한다.

### 안휴로(安休老)

자는 광수(光叟), 호는 춘오(春塢) 또는 소심암(小心菴)이다. 안영로의 아우이며, 응와 이원조의 문인이자 긍암 이돈우의 문인이다. 1809년에 태어나 1881년 작고했다.

그는 어려서부터 자품이 영리하고 용의가 뛰어났다. 4세에 춘첩을 가르치며, 무엇인지를 물었다고 한다. 그래서 이것을 배워야 사람이 되는 것이라고 말하자, 공은 그로부터 땅에 그으면서 글자를 익혔다고 한다. 7세에 글을 배우기 시작하여 무릇 글 가운데에 있는 사람의 행동과 선악에 관한 모든 것을 알게 되었다. 재실에 거처하면서 혼정신성을 폐한 일이 없었다고 한다. 어머니는 말리면서 너의 학업에 방해가 될 것이니, 이로부터는 학업에만 힘쓰라고 하였다고 한다. 그러나 공은 성인의 말씀에 학업은 행하고 여유가 있으면 하라고 했는데, 어찌 글 읽는 데 팔려서 사람의 행사를 폐할 수 있습니까라고 했다고 한다. 약관시절에 문장 필법이 이미 빛난 것이 있었다. 정재(定齋) 유치명은 한 번 보고서 그의 이름이 헛되게 전하지 않았음을 알았다고 한다. 1849년 의령향교 중수 후에 향교의 내력을 기록한 『고궁지』 편찬을 주도하였다. 1866년 척화(斥和)의 분위기를 고조시키기 위해 각 고을에서 강회가 개최되자, 동네의 자제들을 모아 매월 강회를 열고, 『고산강록(高山講錄)』이라는 책을 출간하였다.

정헌(定軒) 이종상(李鍾祥), 응와(凝窩) 이원조(李源祚)와 더불어 『심근사서강록(心近四書講錄)』 2권을 저술했다. 그에 대한 기록으로는 『춘오집(春塢集)』, 『심암만록(心菴漫錄)』이 전한다.



### 안처정(安處貞)

자는 도원(道元), 호는 벌단헌(伐檀軒)이다. 지헌 안기종의 9세손이다. 1810년에 태어나 1875년에 작고했다. 그는 어릴 때부터 재주가 있었고, 의리에 대한 견해가 분명하였다. 박학으로 사장(詞章)에도 뛰어났다. 학업에 독실하여 마침내 향내의 선비로 추앙을 받았다. 고을 군수 홍양후(洪良厚)와 서유영(徐有英)이 부임하여 먼저 방문했고, 정헌(定軒) 이종상(李種祥)이 한 번 보고 경상우도의 일인으로 추대하였다. 그의 문하에서 배출된 치사 안찬 등은 뒤에 허전(許傳) 문하에 출입하였다. 별세 후에 유고(遺稿)가 있는데, 족손 수파(守坡) 안효제(安孝齊)가 행장을 지었고, 회당(悔堂) 장석영(張錫英)이 서문을 지었다. 그에 대한 기록으로는 『단헌집(檀軒集)』이 남아 있다.

### 안처극(安處極)

자는 성건(聖建), 호는 어초정(漁樵亭)이다. 지헌 안기종의 7세손이다. 1818년에 태어났다. 그는 5세에 조부를 따라 전염병을 피하였는데 어머니가 역병에 걸렸다는 소문을 듣고서 돌아가기를 청하자, 조부의 말림에도 불구하고 야밤에 몰래 가서 어머니를 지키며 곁을 떠나지 않았으며, 아버지가 병환중에 물고기와 꿩고기를 먹고 싶어 하자 추운 겨울에도 얼음을 깨고 잉어를 잡아왔으며 산에서 제사를 올려 꿩을 잡아오니, 세상이 효자로 칭송하였다고 한다. 아버지가 돌아가자 시신 곁에서 자고 장사 후에는 묘에서 울기만 하였다. 형제 사이에도 우애가 깊어 같은 상에서 밥 먹고 한집에서 거처했다. 1905년에 효자 정문을 세우고, 복호(復戶)되었다.

**안옥(安鈺)**

자는 경옥(景玉), 호는 설암(雪巖)이다. 의암(宜菴) 안덕문의 증손이다. 1821년에 태어나 1899년에 작고했다. 그는 벼슬길에 뜻을 접고 학문에만 힘을 써서 행실이 돈독하였다. 정재(定齋) 유치명(柳致明)의 문하에서 수업하여 위기의 학문을 듣고 성리서를 연구하였다. 지현(知縣) 유능환(俞能煥)이 그의 경학을 추천하였다. 그에 대한 기록으로는 『설암집(雪巖集)』이 전한다.

**안흠(安欽)**

자는 내숙(乃淑), 호는 구봉(龜峰)이다. 의암(宜菴) 안덕문의 증손이다. 1823년에 태어나 1900년 작고했다. 그는 장자 안효제의 시종으로서 통정부호군이 되었다. 성품이 좋으며 행실이 뛰어났다. 안효제가 궁중에 있는 여자 무당을 죽일 것을 상소했다가 섬에 유배될 때, 그가 말하기를 우리 아들이 이렇게 훌륭하니, 화복은 걱정할 것 없다고 했다. 또 작은 아들 안창제가 상소했다가 감옥에서 형을 받을 때, 이것이 내가 바랐던 뜻이라고 했다. 대개 그의 우국일념이 이와 같았다고 한다. 그는 정재(定齋) 유치명(柳致明) 문하에서 수업하여 권이재(權頤齋) 장사미(張四未) 김서산(金西山)과 친한 벗이다.

**안찬(安鑽)**

자는 경안, 호는 치사(癡史)다. 안신로(安莘老)의 아들이다. 1829년에 태어나 1888년에 작고했다. 그는 성재 허전의 문인이었는데, 1867년에 생원(生員)이 되었다. 시문과 경사(經史)로 여생을 보냈으며, 문행을 겸비했다. 늦게 조양재(朝陽齋)를 낙동강 서안에 짓고 원근의 명석한 인사들과 교류하니, 풍류와 문물이 원근에 빛났다. 그는 학자·문장가였는데, 「사칠이기변(四七理氣辨)」, 「태극음양동정변(太極陰陽動靜辨)」, 「심군설(心君說)」, 「정명설(定命說)」 등의 논설들은 그의  글 가운데에서도 가장 심혈을 기울인 작품이다. 그에 대한 기록으로는 『치사집(癡史集)』이 전한다.

**안집(安鏶)**

자는 치성(致誠), 호는 백하(栢下)다. 1830년에 출생하여 1899년에 작고했다. 그는 성품이 청아하였으며, 단헌 안처정(安處貞)에게서 글을 배워 문사와 식견이 뛰어났다. 과거에는 뜻을 두지 않고 학문을 즐겼으며, 후진을 위한 강학에 정성을 다하였다. 그에 대한 기록으로는 『백하집(栢下集)』이 전한다.

**안경제(安慶濟)**

자는 선필(善必), 호는 국사(菊史)다. 설암(雪巖) 안옥(安鈺)의 조카다. 1849년에 태어나 1923년에 작고했다. 그는 온아 단중한 성품으로 율시에 능하였으며, 명산대천에서 지내며 자적하였다. 해인사에 유람했을 때 수령들이 여러 기생을 불러서 시를 짓는 자리에 그가 들어가서는 시를 화답하여 드러내자 모두가 풍류호걸이라고 했다고 한다.

**안익제(安益濟)**

자는 희겸(羲謙), 호는 서강(西崗) 혹은 소농(素農)이다. 춘오(春塢) 안휴로의 손자다. 1859년에 태어나 1918년에 작고했다. 벼슬은 선공감역(繕工監役)을 역임했다. 그는 자품이 영특하였으며, 가정의 교훈을 이어 받아서 문학 사상에 뛰어났다. 더욱이 자동(紫東) 이정묘(李正模)에게서 성리설(性理說)을 배웠으며, 신오(薪嗚) 김규영(金奎泳)에게서 주역을 배웠는데, 산해답문(山海答問)과 역론(易論) 등에 대한 글이 있다. 그에 대한 기록으로는 『서강집(西崗集)』과 『남선록(南選錄)』이 전한다.

**안효제(安孝濟)**

자는 순중(舜衆), 호는 수파(守坡)다. 부호군(副護軍) 안흠(安欽)의 아들이며, 서산(西山) 김흥락(金興洛), 성재 허전, 만구 이종기의 문인이다. 1849년에 태어나 1916년 만주에서 작고했다.

1883년에 과거에 합격하고, 홍문관 교리가 되었다. 1884년 승문원 부정사에 임명되었으니, 의복제도를 변경하라는 명령이 내려지자 의제소(衣制疏)를 올려 선비와 무관은 같은 길이 아니어서 선비는 학문을 닦는 것이요, 무관은 외적을 물리치는 것이지만, 이로부터는 서로 같은 길을 걸어야 할 것이라면서 그 부당함을 상소한 뒤 고향으로 돌아갔다. 1887년 성균관 전적으로 다시 등용되어 지평, 정언이 되었다. 1893년에 요망한 무당을 처참하라는 소를 올렸다. 소에 의하면 "근일에 풍속이 괴악하여 관왕신녀(關王神女)라는 무당이 판을 치니, 당당한 성현들을 모시는 곳에서도 주문이나 외우고 기도하는 곳으로 변하는 것이 아닌가. 그래서 궁중의 법도가 엄숙하지 못하고 상벌이 밝지 못하여 생민이 곤란에 빠지고 조정이 무너진다"고 진단하였다. 그러나 간신들이 나라를 그르치자 분함을 참지 못하여 소장을 올렸다가 무당을 따르던 무리들과 민비의 보호를 받는 신하들의 탄핵으로 8월에 추자도에 유배되었다. 1894년에 동학혁명이 일어나자 유배에서 풀려나서 홍문관 수찬(弘文館修撰)이 되고 외직으로 나가 흥해현감이 되었다. 그때 동해지방에 흉년이 들었으나 나라에서 흥해는 구휼 대상에서 제외시키자, 감사에게 우리 흥해도 다 같은 백성이라고 하고서 관곡에서 300석을 내어 백성을 구휼하고는 사직하였다. 그의 담대하고 진심어린 애민 정신에 감사도 어쩔 수 없었다.

그는 1895년 복제가 개정되어 검은 옷을 입으라는 영이 내려지자 시대가 옳지 않음을 알고 벼슬을 그만두고 시골에 돌아왔다. 이해에 단발령을 내리는 밀지가 내리자, 공이 국태공 인장을 받들고 관사에 들어가서 참판 이용원(李容元), 면암 최익현 등과 민비를 복

위시키고 삭발의 명을 번복시키려 하였으나 일을 이루지 못했다. 이때 이용원이 입장을 바꾸자 절교하였다. 을사늑약이 체결되려 하자 반대하여 아우 안창제와 서울에 올라갔으나, 도착하니 조약이 이미 체결된 뒤였다. 1908년에는 창남학교 설립을 주도하였다. 그러나 1910년에 나라가 없어지자 산속으로 들어가 은둔하였다. 이때 일본은 대대적으로 돈을 풀어 조선 명망가에게 나눠주면서 은사금이라 했다. 그에게도 일본 경관이 은사금을 보내오자, 거절하면서 '나는 대한의 신하다. 나라가 망했는데도 살아남았으니 오히려 죄가 크다' 고 자책하면서 자결하려 하였다. 그러나 뜻을 이루지 못하고 체포되어 창녕에 도착하니, 다시 은사금을 받으라고 협박했지만 받지 않고 옥에 갇히고 말았다. 감옥에서 단식을 하며 투쟁하자 나흘 만에 풀어 주었다. 그 후 아들 안철상을 가두고 은사금을 받으라고 협박하자, 그는 아들에게 편지를 보내어 '네가 은사금을 받는 날이 바로 내 목숨이 끊어지는 날이다. 너는 장차 아비를 죽인 아들이 되겠느냐'라고 했다. 이에 일본 경관은 뜻을 굽혀 아들을 석방했다.

이후 만주로 건너가서 안동현에 살면서 동지들을 규합하여 활약하다가 요동에서 별세했다. 이때 시신을 묻으려 땅주인에게 돈을 주자 받지 않으며, '나는 안 선생이 천하의 충신이라는 이야기를 들었다. 만약 그 분이 제 땅에 묻힌다면 그 땅마저 향기로울 것입니다. 그러니 저는 이미 많은 값을 받은 것입니다' 라고 했다고 한다. 그 후 아들 안철상(安喆相)이 유골을 반장하였다.

1982년 대통령표창이 있었으며, 1990년 건국훈장 애족장이 추서되었다. 그에 대한 기록으로는 『수파집(守坡集)』이 전하며, 추모정사로 수파정이 남아 있다.

**안방로(安邦老)**

자는 치강(穉康), 호는 연파(淵坡)다. 만구 이종기의 문인이다.

1852년에 출생하여 1938년에 작고했다. 그는 천성이 효행스럽고 우애로우며 교만하지 않았다. 일찍이 고산재에서 강학하였으며, 일생동안 권력이나 영리를 탐하는 일이 없었으며, 덕을 쌓고 몸을 닦는 것을 평생의 업으로 삼았다. 그에 대한 저서로는 『연파집(淵坡集)』, 『의례휘고(儀禮彙藁)』, 『탐진안씨문헌유사(耽津安氏文獻遺事)』, 『동사채집(東史採集)』, 『경학집요(敬學輯要)』가 있다.

### 안영제(安英濟)

자는 화익(華益), 호는 삼수(三守)다. 1857년에 출생하여 1901년에 작고했다. 그의 집안은 1,000석 지기 부자였는데, 그는 선대의 거룩한 유지를 이어받아 천재지변을 당하여 이웃사람들이 굶주려 죽게 되었을 때 평소에 비축하여 두었던 전곡(錢穀)을 아낌없이 헐어서 구휼(救恤)함이 한두 번이 아니었다. 이러한 선행이 전파되어 원근에서 인심 집이라는 칭송이 자자하였다. 또 이때에 활빈당(活貧黨)이 성행하여 도처에서 부호가의 재산을 마구 약탈 방화하여 극빈자에게 나누어주고 하였는데, 맹두목(孟頭目)이 부하들에게 엄명하기를, 안씨가 세거하는 입산(立山) 마을 10리 내에는 절대로 침입하지 말라고 하였다고 하니, 그의 선행을 가히 짐작할 수 있다. 그에 대한 기록으로는 『삼수일고(三守逸稿)』가 전한다.

### 안창제(安昌濟)

자는 중양(仲陽), 호는 송은(松隱)이다. 만구 이종기의 문인이다. 1866년에 출생하여 1931년에 작고했다.

1883년에 무과에 올라 용양위 사과(司果)가 되었다. 이때는 고종 말년의 어려운 시기로 안으로 간신들이 정치를 그릇치고, 밖으로 일본인들이 협박해 왔다. 그는 분개하여 상소를 올려 화친을 배척했다. 마침내 옥고 삼년을 치르고 돌아와 자취를 감추고 이만구(李晩求)의 문하에서 학문을 닦았다. 청일전쟁 이후 정부가 일본의 요구를 받아들여 청나라와의 관계를 청산하려 하자, 청을 배신하지 말 것을 주장하였다. 그것은 일본이 이를 계기로 우리나라에 군주가 없는 마음을 요구할 것이고, 또 이적의 길로 끌고 가고 있기 때문이라고 보았기 때문이다. 을사보호조약 때 백형 수파 안효제와 상경하여 전국 유림의 소수(疏首)가 되어 반대했으나, 때는 이미 늦어 경술국치를 당하자 광복의 뜻을 품고 만주로 건너갔다. 백형 안효제를 따라 이역만리에서 여러 곳을 전전하며, 조국광복을 결심하고 동지들을 규합하여 혈전분투 했다. 그에게 영봉 하진무가 동삼성학회 분회장을 위촉해 왔다. 이곳에서 동분서주 분투하다가 참변을 당하여 세상을 떠났다. 그는 만주에서 국내의 종손에게 편지를 보내어 신학문에 전염하지 말도록 당부하였다. 그 뒤에 선영 밑에 반장했다.

1968년 대통령표창, 1980년 건국표창이 있었으며, 1990년 건국훈장 애국장이 추서되었다. 그에 대한 기록으로는『송은집(松隱集)』이 전하며, 추모정사로 송은정이 남아 있다.

### 안석제(安奭濟)

자는 주여(周汝), 호는 역계(易溪)이다. 안용(安鎔)의 아들이다. 1873년에 출생하여 1912년에 작고했다. 1900년에 효릉참봉 행통훈대부에 제수되었다. 1908년의 창남학교 설립을 안효제와 함께 주도하였다.

### 안익상(安翊相)

자는 우민(佑民), 호는 수오(守吾)이다. 안영제의 아들이다. 1874년에 출생하여 1931년에 작고했다. 1907년 의신학교 설립 때 거액의 보조금을 출연하였다. 1900년에 장릉참봉에 제수되었다. 1918년에 안석로(安碩老)와 함께 상로재 중수의 일을 주관하였다.

**안희제(安熙濟)**

호는 백산이다. 1885년에 안발과 창녕 성씨 사이의 맏아들로 태어나 1943년 9월 2일(음력 8월 3일) 순국하였다. 7세에 고산재에서 서강(西崗) 안익제로부터 유학을 익혔으며, 전 홍문관 교리 안효제의 감화를 받았다.

1901년 의령군수가 주최한 백일장에서 한시를 지어 장원으로 뽑혔다. 1905년 11월 을사늑약의 소식을 듣고 산림에 숨어서 부질없이 글귀만 읽을 수 없다고 말하고 서울로 올라가 이듬해인 1906년 사립 흥화학교를 다니고, 1907년 보성전문학교 경제과에 입학했다가 이듬해인 1908년 3월 양정의숙으로 전학한다.

1908년 3월에 조직된 교남교육회에 참가하여, 교육부 학무원 등을 역임하고, 지방 순회강연을 하면서 학교 설립을 권장하였다. 이때를 전후하여 의령군 의령면 중동 의신학교(이우식), 고향 입산마을 창남학교(1908년, 안효제, 안석제), 동래 구포 구명학교(윤상은)의 설립과 운영을 지원하였다. 또한 윤상은 등이 설립한 구포저축주식회사(1909년)에도 발기인, 주주로 참가한다. 이때 집안 종손인 안익상(安翊相)을 끌어들여, 안익상은 윤상은에 이어 두취(사장)에 오른다.

무엇보다도 백산의 삶에서 가장 중대한 사건은 비밀결사 대동청년단을 조직한 일이다. 대동청년단은 1909년 안중근 의사의 하얼빈 의거를 계기로 그 해 10월에 서른 살 안쪽 청년 민족주의자들이 결성한 것으로 신민회 계열의 청년단체였다. 단장은 남형우, 부단장은 안희제였다. 이 조직은 이후 대종교의 강렬한 단군민족주의를 독립운동 이념으로 받아들였다. 대동청년단은 상해의 대한민국 임시정부나 의열단과 국내의 비밀결사운동을 연결하는 고리의 역할을 한 점, 영남을 중심으로 한 여러 갈래의 비밀결사운동에 젖줄을 대었다는 점에서 의미를 갖는다. 그 단원들은 안희제의 항일투쟁 내내 그와 거미줄처럼 연결되어 활동했다.

양정의숙을 졸업한 1910년에 나라를 빼앗기자, 그는 1911년 초에 나라 밖으로 나가 러시아 수도 페테르스부르그에서 『독립순보』를 간행하는 한편, 러시아와 중국 각지에 흩어져 활동하고 있던 안창호, 신채호, 이동휘 등 신민회, 대동청년단 그룹, 양정의숙 동기인 박상진 등과 민족해방운동 방략을 논의해 나갔다.

그는 1913년 초에는 망명 생활을 접고 고향으로 돌아온 듯하다. 그는 이유석, 추한식 등 초량객주들과 부산 동광동에 백산상회를 세운다. 이어 1914년 가을에 고향 논밭을 팔아 백산상회를 전국적인 상업회사로 발돋움시켰다. 그가 백산상회를 설립한 까닭은 독립군 기지 건설을 위한 군자금 조달, 국내외 민족해방운동의 연락망 구축, 결정적 시기에 국내외 민족해방운동 세력이 협력하여 총궐기에 나서게 할 수 있는 국내 기반 마련을 위한 것이었다.

힘을 응축해 가던 대동청년단과 백산상회의 활약이 가장 돋보였던 것은 3 · 1운동을 전후한 시기였다. 백산은 1918년 12월, 수파 안효제의 제사에 참례하기 위해 만주로 건너가 대동청년단 동지들과 윌슨의 민족자결주의 선언으로 조성된 새로운 국제정세와 항일결전의 방침에 대해 의견을 나누고 돌아왔다. 이어 이시영이 만주에서 국내로 잠입해 들어오자 남형우와 함께 백산무역주식회사 주주 모집을 빙자하여 각지를 돌며 동지를 규합, 민중봉기의 기반을 닦는 한편, 중국과 일본 독립운동 세력의 국내 연락 활동을 도왔다.

1919년 1월 중국 상해 신한청년당의 장덕수가 백산상회로 안희제를 찾아온다. 신한청년당은 파리평화회의에 조선독립청원서를 제출하고자 김규식을 파견하기로 하였으나, 김규식의 파리행 여비를 조달하기가 어려웠다. 안희제가 건낸 자금으로 김규식은 파리로 떠날 수 있었다.

이어 1919년 2월에는 동경에서 2 · 8독립선언을 감행하고, 그 선언서를 국내로 들여오기 위해 이를 몸에 숨기고 부산에 내린 김마리아가 백산상회를 찾아든다. 이들은 신한청년당이 파리평화회의에 독립청원을 하기 위해 대표를 파견했음을 국내 민족 지도자들에게 알리고, 이 청원을 뒷받침할 거족적 항일운동의 불씨를 지피려고 국내로 들어왔던 것이다. 이와는 별도로 이극로 등 상해의 대동청년단원들도 국내외 연락을 목적으로 백산을 찾아왔다. 이렇듯 3 · 1운동을 향한 만주와 상해, 일본의 움직임이 백산상회에서 합류하고 있었다. 안희제는 집안 조카 안준상으로 하여금 독립선언문 수만 장을 등사하여 영남 각지에 배포시켰다.

한편 3 · 1운동으로 임시정부 수립 움직임이 전개되자, 안희제는 윤현진, 남형우 등 여러 대동청년단원에게 거액의 운동자금을 주어 영남 대표로 상해 임시정부에 보낸다. 이후 임시정부 초기에 백산상회는 이와 밀접한 연관을 가졌다. 임시정부에서는 백산상회에 교통사무국을 두었으며, 백산상회는 임정 기관지 『독립신문』 보급의 가장 중요한 통로였다.

3 · 1운동 이후 백산은 전국에서 전개된 '문화운동'(실력양성운동)에서 부산 지역이 선도적 지위를 차지하게 했다. 백산상회는 최준(경주), 강복순(진주), 윤현태(양산), 전석준(울산) 등 영남의 대지주 자본을 끌어들여 주식회사로 발돋움 했고, 원산과 서울 등지에 지점을 설치, 사업을 확장하였다. 나아가 공업자본 육성에도 힘을 기울여 경남인쇄주식회사(1916년), 조선주조주식회사(1919년) 설립하였다. 인쇄회사는 조선인의 언론, 출판, 선전 활동의 기반이 된다는 점에서, 주조회사는 민족 전통 산업인 조선주 주조업을 근대산업으로 육성한다는 점에서 의미를 찾을 수 있다. 그는 의령에서 한지(韓紙)를 생산하는 제지업을 벌이기도 하였다. 백산은 부산의 조선인 자본가를 대표하여 부산상업회의소 부회두에 오르기도 하였다.

1919년 11월에는 백산회사 관계자와 영남 유지들의 힘을 모아

준재들을 선발, 국외 유학 기회를 주기 위해 부산에 기미육영회를 조직한다. 1920년에는 김병규와 함께 민립고보설립운동을 추진하였다. 1921년 3월에는 지금의 부산진구 하야리아 부대 부근에 고보를 설립키로 하고, 학교 이름을 교남민립제일고보로 정하였으나 끝내 물거품이 되었다. 백산은 민립대학 설립 운동에도 발기인으로 참여하였다. 나아가 부산도립여자고등보통학교기성회 임원으로 활동하였다. 아울러 1923년 2월 부산진공립상업학교 학생들이 학교 승격과 교명 변경을 요구하며 동맹휴학을 단행했을 때, 부산상업회의소 의원 대표로 학생들의 요구를 관철하기 위해 진력했다. 또한 경남의 진보적 유림들이 1924년 2월 마산에서 경남유림대회를 열어 교육사업 추진을 목적으로 유도협성회를 조직할 때 이사로 참가했다.

1919년 말 그는 백산상회 관계자들과 함께 민간신문 발간 계획을 추진하였다. 당시 부산에 일본인 일간지가 두 개(『부산일보』, 『조선시보』)나 되지만 조선인 신문은 하나도 없는 현실에 맞서고자 했던 것이다. 하지만 『동아일보』 창간 시기와 맞물리면서 이에 합류하여 1920년 봄 동아일보 발기인에 참여하여 부산지국을 개설하였다.

지역구심단체로서 부산예월회와 부산청년회를 조직하고, 주택문제 개선 요구 운동과 조선가스전기주식회사에 대한 항의 운동, 1921년 부산 부두 노동자 총파업 투쟁과 같은 주민운동, 노동운동을 지원하였다. 그는 신간회에는 직접 참여하지는 않았지만, 신간회가 결성된 상황에서 영남의 유림 지주들이 영남친목회를 결성하려 하자 그는 영남의 민족해방운동가들과 함께 이 단체가 신간회로의 민족 역량 집중을 방해하고 지역 강점을 조장한다 하여 그 박멸 운동에 나서 설립을 막았다.

3·1운동을 전후하여 크게 발흥했던 부산 지역 민족 기업은 거듭된 공황과 일제의 민족 차별적 산업 금융 정책으로 급속히 쇠퇴

해 갔다. 백산무역주식회사는 1925년 중역, 주주 사이에 일대 분규에 휩싸여 사실상 영업 중지 상태에 빠지고, 1928년 1월에 해산되고 만다.

안희제는 1927년 1월경 민족 경제 파멸에 대한 대책을 강구하는 기관으로서 『경제운동』이라는 월간잡지를 창간하려고 시도했다. 1928년에는 기미육영회를 통해 일본에 유학시킨 전진한을 비롯하여 이시목, 함상훈 등이 이끌었던 협동조합운동사에 참가하여, 그 해 3월 부산협동조합을 창립하였다. 나아가 서울의 협동조합운동사 본부와 각 지방 협동조합의 연락기관으로 서울에서 설립된 협동조합경리조합의 이사장에 올랐다. 또한 자력사(自力社)라는 잡지사를 경영, 월간 잡지 『자력』을 발간하는데, 이는 협동조합운동사의 기관지였다. 협동조합운동사와 관련된 협동조합이 가장 왕성하게 설립된 곳은 영남 지방으로 부산, 의령 등에 설립되었다.

한편 그는 1929년 9월 의령의 만석꾼 이우식의 돈을 끌어들이고 역시 대동청년단원이었던 최윤동, 협동조합사의 이시목을 참여시켜 일제시기 3대 민족지의 하나인 중외일보사(中外日報社)를 인수, 주식회사로 만들고 사장에 취임하였다. 우리나라에서는 처음으로 조석간 4면씩 하루 8면을 발행했지만, 고질적 재정난을 타개할 수 없었고 세계대공황까지 겹쳐 1931년 6월 19일 종간호를 낸 후 9월 2일 주주총회에서 주식회사 해산을 결의했다. 그 후 노정일이 이를 인수, 『중앙일보』로 개제하여 발행할 때 안희제는 고문으로 추대되었다.

안희제는 1932년, 경북 봉화 금정 광산 개발로 떼돈을 번 김태원과 함께 발해의 도읍이었던 북만주 흑룡강성 영안현 동경성(東京城)에 토지를 사들였다. 이듬해에는 아예 이주하여 목단강 상류를 돌로 쌓아 막고 농지를 개간, 조선 남부 지방 실농민 3백여 호를 동경성으로 옮겨 살게 하고 개간을 확대해 나갔다. 그는 이곳을 발해농장이라고 이름 지었다. 또한 발해보통학교를 세워 스스로 교장일을 맡았다.

그는 농장 경영을 통해 동포 이주민을 자작농으로 길러내어 생활을 안정시킴과 함께 경제적, 교육적 실력을 양성, 그 물적 · 인적 기반으로 무력 투쟁과 연계하려 했다. 또 백산의 협동조합운동이 농민의 생존권 수호를 주 내용으로 하며, 협동조합운동 시기에 함안 농장에서 개발해 낸 방식이라는 점에서 볼 때, 그의 만주 이주와 발해농장 경영은 협동조합운동의 연장이자 본격적 구현이었다. 나아가 그것은 대종교 운동과 직결되어 있다. 백산은 대종교를 통해 만주지역 조선인에게 민족의식을 북돋우고, 대종교를 독립운동의 정신적 구심으로 삼고자 했다. 결국 백산의 발해농장 경영은 협동조합운동과 민족종교, 교육운동의 통일을 통해 '단족이상촌(檀族理想村)', 곧 독립운동 근거지를 구축한다는 웅혼한 기획의 산물이었다.

북간도 망명 시기인 1911년 10월 대종교에 입교하여 1914년 3월에 영계(靈戒)를 받은 바 있었던 백산은 1934년 대종교 총본사를 발해농장이 있는 동경성에 옮기게 하여 교세 확장을 도모하고 총본사 운영비를 비롯하여 대종교단의 모든 경비를 단독으로 부담하였다. 1935년 정월 15일 대종교 참교(參敎)로, 이후 지교(知敎)로 승질(陞秩)되고 경의원(經議院, 대종교 의결기관) 부원장을 맡았다. 또 1937년 4월부터 1940년 3월까지 만 3년간 대종학원(大倧學園) 원장을 맡았다. 한편, 대종교단에서는 1939년 8월 대종교서적간행회를 조직했는데, 안희제는 회장이 되어 『홍범규제(弘範規制)』, 『신단실기(神檀實記)』 등 여덟 가지의 책을 펴냈다. 또 해마다 네 차례 『교보(敎報)』도 펴냈다. 1941년 정월 상교(尙敎)로 승질(순교 뒤 正敎로 추승)되고 총본사 전강(典講; 대종교 종무 3대 중추의 하나로 교육, 출판을 통한 포교 활동 총책임자)을 맡게 된다. 나아가 1942년 10월 발해 궁궐터에 천전(天殿; 단군전)을 건축하고자 천전건축준비회가 결성되어 백산은 총무부장에 임명된다.

대종교 총본사에서는 1942년 음력 10월 3일 개천절 경축식을 거행한 뒤 임시협의회를 열고 만주국 정부와 조선총독부에 정식 포교 승인을 신청하기로 결의했다. 이에 일제는 반국가단체 죄목으로 대종교를 탄압하며, 대종교 간부들을 체포하는 것으로 대답하였다. 이를 대종교에서는 '임오교변(壬午教變)'이라 하고, 순국한 이들을 '임오십현(壬午十賢)'이라 한다.

그 미친 칼날은 백산의 눈앞에도 다다랐다. 신병 치료를 위해 잠깐 고향에 내려와 있던 그는 목단강성 경무대 형사대에 끌려가 투옥된 지 아홉 달 동안 모진 고문과 옥살이 끝에 쉰아홉의 나이로 순국하였다. 숨을 거두기에 앞서 장남 상록에게 남긴 마지막 말은 가사든 국사든 오직 자력(自力)을 중심으로 해야 한다는 것이었다.

그의 생가는 1993년 경상남도 문화재자료로 지정되었으며, 부산 동광동에 백산기념관이 건립되었다. 그에게는 건국훈장 독립장이 추서되었다.

### 안국제(安國濟)

자는 태민(泰民), 호는 아산(峨山)으로 백산 안희제의 첫째 아우이다. 1890년에 출생하여 1960년에 작고했다.

그는 성품이 강직하고 효성과 우애가 독실하여 향리에서 칭송을 받았다. 백산의 항일독립운동을 도와 만주 봉황성에서 활동했다. 1927년 봉황성의 동포들로 봉성농우회를 조직하여, 박광 등과 함께 위원으로 활약하였다. 귀향하여 1930년 의령군학교평의원에 당선되었다. 1932년 학교평의원회에서 학생들의 수업료를 경감하고 조선인 교사보다 월등한 급여를 받는 일본인 교사를 정리할 것을 주장하였다. 이 시기에 동아일보 신반분국 고문으로 활동하였다. 1933년부터 1939년까지 부림면장을 지내면서 신반천 제방 축조로 농촌개발사업에 헌신하였다. 면민들이 공을 기려 신반에 송덕비를 세웠다. 1933년 아우 안동제와 함께 의령 서동에 의령맥자(麯子)제조합명회사를 설립하여 양조업을 경영하였다. 1935년 부림면 아동들의 극심한 취학난을 해결하기 위해 면민대회를 개최하고 신반공립보통학교 학급 증설을 추진하는 학급증가기성회 고문으로 활동하였다. 1940년에는 한지를 생산 판매하는 봉수산업조합 조합장에 당선되었다. 1941년 의령제지조합이 설립되자 이사를 역임했다. 1957년에는 유도회 회장을 지냈다. 해방 후 1950년 제2대 국회의원 선거에 출마하여 고초를 겪었다.

| 1938년 백산 안희제의 모친상을 치른 뒤 생가에 모인 가족들(앞줄 왼쪽 두 번째가 백산, 그 옆 오른쪽이 동생 안국제).

## 안일상(安一相)

자는 공협(孔協), 호는 일범(一範)이다. 사과공(司果公) 안창제의 아들이다. 1892년에 출생하여 1931년에 작고했다. 1910년에 나라가 망하자 애국지사인 아버지 안창제를 따라 만주로 망명하였다. 1918년에 독립단장 박장호(朴長浩)와 북경으로 밀행중 일본 경찰에 피검되어 수일동안 혹독한 고문을 받았다. 1921년에 청원현(淸原縣) 대고가자(大孤家子)로 이거하여 동지를 수합하고, 학교를 설립하여 교장을 맡아 수년간 항일교육을 하였다. 정동원(鄭東元), 이판상(李判相), 양종변(楊鍾變) 등과 주민회를 조직하여 상비유격대를 지방에 잠복시켜 일본인과 주구들을 암살케 하면서 꾸준히 항일투쟁을 하던 도중 만주사변이 일어나 뜻밖에 참화를 당하여 세상을 떠났다. 그 후 5년이 지나 장자 안경세가 고국 선영으로 반장하였다.

### 안여상(安呂相)

자는 성강(聖綱), 호는 고헌(古軒)이다. 1893년에 출생하여 1944년에 수파집 사건으로 체포되어 혹독한 고문으로 인해 옥사했다. 그는 효제충신(孝悌忠信)의 근본을 중시하고 학문이 정박하였다. 우국지사 수파 안효제의 유지를 받들고자 『수파집』 편찬을 주도하여 3년간에 걸쳐 유집을 발간하였는데, 완성을 목전에 두고 일본 경찰에 체포되어 모진 옥고를 치르기도 했다. 많은 고초를 당하면서도 다른 사람에게 누가 파급될까봐 충언직어(忠言直語) 하였다. 옥중에서 고혼이 된 우국지사이다.

### 안준상(安駿相)

자는 민흥(民興), 호는 근산(槿山)이다. 안승제(安升濟)와 창녕 성씨 사이에 셋째아들로 1897년에 태어나 1994년에 작고했다. 그는 연파 안방로 문하에서 한문을 수학하고, 동래고보를 졸업하였다. 이후 일본 도쿄 정칙영어학교를 거쳐 와세다대학 경제과를 2년 수료하였다. 조국 광복을 위해 상해임시정부의 독립자금조달책을 맡아 수행하였으며, 백산 안희제의 항일독립운동을 도왔다. 특히 1919년 2월 백산의 지시로 부산 막동(幕洞) 김태진(金台鎭)의 밀실에서 3·1운동에 사용할 독립선언서와 격문 등을 인쇄하여 각지에 배부하고 지도하였다. 고향 마을인 입산리에 설립된 입산학원 원장 일을 맡아보았고, 이시목과 함께 의령협동조합을 창립하여 12년간 운영에 참여하였다. 1929년 신간회 의령지회 창립에 참여하여 임원으로 활동하다 일본 경찰에 체포되기도 했다. 마산고무공업사, 약초재

배원 등을 경영하기도 하였다.

그는 해방 이후에는 조국의 완전독립과 통일을 위해 서상일, 곽상훈, 김정설 등 다수 동지와 독립운동을 전개하였다. 또 경상남도 한글문화보급회장, 동아대학 이사, 독촉국민회 부산지부 부회장, 조선민족청년단 경상남도 단부 이사, 부산일오구락부 간사 등 각종 정치사회단체에 참여하였다. 1948년 5월 10일 의령에서 조선민족청년단 소속으로 제헌국회의원에 출마하여 당선되었다. 외무국방위원회에서 활동하며 헌법 제정안에 대한 토의에서 대통령에 대한 의회 견제권 강화를 주장하였으며, 1949년 2월 주한미군의 즉시 철퇴를 요구하는 남북화평통일에 관한 긴급동의안을 제안하였다. 하지만 당시 소장파가 미군 철퇴 후 미군사고문단 설치를 반대한 데 반해 그 설치를 환영하는 성명서를 발표하였다. 부산대학을 국립대학으로 만드는 일에 힘을 쏟기도 하였다. 제헌국회 당시 제2당이었던 일민구락부에 소속하여 활동하였다. 국회의원 임기 중 의정 발언 횟수는 5회에 불과할 만큼 과묵한 편이었다. 이후 자유당 초대 재무부장, 제헌동지회 회장 등을 역임하였다. 조국광복과 민주정치 발전에 기여한 공로로 무궁화국민훈장을 수여받았다.

그는 조국광복과 민주정치 발전에 기여한 공로로 국민훈장 무궁화장을 수여받았다. 그의 생가는 근산생가(槿山生家)로 남아 있다.

### 안호상(安浩相)

자는 맹연(孟然)이고 호는 한메다. 1902년 1월 23일(음력) 참봉 안석제(安奭濟)와 서흥 김씨 김야동(金冶洞) 사이에서 5대 독자로 태어나 1999년 2월 21일 작고했다.

부친 안석제가 돈을 자갈처럼 쓴다고 해서 '안자갈'이라는 별명을 얻었을 만큼 부유한 지주 집안이었다. 다섯 살부터 고산재에서 연파(淵坡) 안방로 문하에서 한문을 수학하고, 부친 안석제, 안효제, 안희제 등이 설립한 신식학교 창남학교를 다녔다. 열다섯 살에 밀양 퇴로리 여주 이씨 집안 이화경과 결혼했다. 1919년 백산 안희제의 권유로 서울로 올라가 중동학교 초등과와 중등과를 반년만에 수료했다. 이때 함안 사람 이중근의 권유로 대종교에 입교하였다. 1920년 일본 동경으로 건너가 정칙(正則)영어학교 영어과와 중학과를 다녔다. 1921년 겨울 안희제의 주선으로 북경으로 가서 신성모, 신채호, 최동오 등을 만나고 이듬해 상해로 가서 중덕동제대학(中德同濟大學)에 입학했다. 이때 상해한인유학생회 부회장을 맡아 일했으며, 1923년 1월에 상해에서 열린 국민대표자회의에 학생 대표 자격으로 참관하였다. 1924년 중덕동제대학 예과를 마친 후 1925년 1월 독일 국립 예나대학 철학과에 입학하여 1929년에 롯체의 관계학설 연구로 철학박사 학위를 취득했다. 1927년에는 예나대학 교육학 연구실 부회장에 올라 스위스 로카르느노에서 열린 제3차 세계교육자대회에 참석하였다. 1929년에 잠깐 영국 옥스퍼드대학에서 연구하다가 1930년 훔볼트재단의 장학금을 받고 연구생으로 다시 예나대학 법학과에 입학하였으나 건강이 나빠져 귀국하였다. 1931년 일본 경도제국대학에서 연구하다가 1933년 보성전문학교 교수로 초빙되었으며, 경성제국대학 대학원을 졸업하였다. 이 무렵 이광수에게 독일어를 가르치며 가깝게 지냈으며, 그의 중매로 1934년 모윤숙과 재혼하였다. 조선철학연구회의 초대 회장을 맡기도 하였다. 1936년부터 이극로, 이윤재, 이우식, 이인, 이은상과 함께 독립투사와 독립 이후 지도자 양성을 목적으로 학술연구기관 조선양사원 설립을 추진하였으나 실현하지는 못하였다. 1942년 조선어학회사건으로 수배되었으나 복막염으로 병원에 입원하여 체포를 면했다. 일제 말에는 금강산 마하연사에 들어가 있다가 거기서 해방을 맞아, 서울대학교 철학과로 옮겼다. 1946년에 조선교육연구회 초대 회장에 취임하였고, 그 해 10월 이범석과 함께 조선민족청년단을 창설하였다. 1947년에 모윤숙과 이혼하였다. 1948년 대한민국 정부 초대 문교부장관에 취임하여 1년 10개월간 재직하였다. 취임 후 그는 단기연호와 한글 전용을 채택하였고, 학도호국단을 창설하여 초대 단장과 국립청년훈련소 초대 소장에 취임하였으며 이승만정권의 통치이념으로서 '한백성주의'('一民主義', 혹은 '민족적 민주주의')를 주창하였다. 1950년 5월 대한청년단총본부 단장에 취임하였다. 이승만 대통령의 지시로 원외 자유당을 창당하였으나 이범석계가 숙청당하자 그도 함께 쫓겨났다. 그 직후 내란선동죄로 구속되어 3년간의 재판 끝에 대법원에서 무죄 판결을 받았다. 1955년 동아대학교 교수 겸 대학원장에 취임하였고, 1956년에는 이범석의 소개로 유유정과 세 번째 혼인을 하였다.

1960년 3월 부산 영도에서 민의원 선거에 무소속으로 출마하여 낙선하였으나 그해 4·19혁명 직후에 치러진 7·27총선에서는 참의원에 역시 무소속으로 입후보하여 당선되었다. 당시 그가 받은 득표수는 전국 2위였다. 하지만 이듬해 5·16군사쿠데타로 국회가 해산되고 말았다.

이후 국민교육헌장 기초위원, 재건국민운동중앙회 회장, 새마을금고연합회 초대 회장, 대종교 총전교, 민족통일국민운동본부 의장, 경희대학재단 이사장 등을 역임하였으며 대한민국국민훈장 모란장, 독일 최고십자훈장, 외솔학술상, 대한민국 무궁화훈장을 받았고, 그 외 세계 한민족 평화상 등을 수상하였다.

1994년에는 중국 북경에서 북한 류미영 천도교 중앙위원회 위원장과 남북 대종교인, 천도교인의 협력과 남북통일 실현에 관한 합의문을 작성하였다. 1995년에는 평양에 들어가 단군릉을 참배하고, 어천절(御天節) 제사를 모셨다. 이 일로 환국 후 재판을 받아 징역 1년 집행유예 2년을 언도받았다.

그는 『한백성(일민)주의의 본바탕』(1947), 『배달의 종교와 역사와 철학』(1964), 『민족의 주체성과 화랑의 얼』(1967), 『겨레역사 6

천년』(1992) 등 30여 권의 저술을 남겼다.

국민훈장모란장, 독일연방공화국 최고 십자훈장, 대한민국 무궁화훈장을 받고 그 외 세계 한민족 평화상 등을 수상하였다.

1999년 2월 25일 사회장으로 동작동 국립묘지에 안장되었다. 그의 생가는 한국전쟁 때 인민군의 야전병원으로 이용되었는데, 한메생가로 남아 있다.

**안의제(安義濟)**

초년의 이름은 안효갑(安孝甲)이며, 자는 예경(禮卿), 호는 예봉(禮峰)이다. 1912년에 출생하여 1965년에 작고했다. 그는 어려서부터 용모가 방정하고 명석하여 천성이 온화유순 하였다. 선대의 가업을 계승하고, 학문에 힘써 조부인 연파공의 문집을 간행하였다. 그는 『수파집』 사건으로 일본 경찰에 연행되어 고초를 겪었다. 그에 대한 기록으로는 『예봉일고(禮峰逸稿)』가 전한다.

**안경세(安炅世)**

자는 맹훈(盟勳), 호는 취송(翠松)이다. 1914년 만주에서 출생하여 1990년에 작고했다. 그는 만보산사건 때 조부모와 부친을 여의고, 어린나이였음에도 불구하고 예에 따라 유해를 안장(安葬)하고 향리로 돌아왔다. 1935년에 만주 대고가자(大孤家子)의 묘지에 가서 삼위(三位)의 유해를 고향으로 모셔와 선영에 정중히 모시니, 천출의 효성이라 칭송하였다. 조부 송은 안창제의 애국운동자료를 수집하여, 정부에 제출해 건국훈장애국장을 서훈받도록 했다. 안창제의 유고 간행과 송은정사 건립을 주도하였으며, 1985년 군수로부터 효자상을 받았다.

**안균(安均)**

자는 자평(子平)이다. 1905년 안정로의 둘째아들로 태어나 1982

년 5월 10일(음력) 사망했다. 할아버지 안종형은 참봉을 거쳐 돈녕부 도정을 지냈고, 아버지 안정로는 의신학교 설립 때 보조금으로 240냥, 국채보상운동 때 의무금으로 5환을 내놓을 만큼 꽤 재력을 가진 집안이었다.

그는 어려서는 한문을 수학하다 1920년 의령보통학교에 입학하여 4년만에 졸업하고, 상경하여 제일고등학교에 합격하여 다니면서 두각을 나타냈다. 졸업 후 일본 홋가이도 제국대학에 입학했다. 1923년 8월 입산(立山)소년회를 창립하고 총간사가 되었으며, 음악회를 개최했다. 일본 홋카이도(北海道)농대를 민족운동사건으로 중퇴했다. 1928년 여름 안상록, 안영제 등과 함께 재일본의령학우회를 조직하여 의령군내 순회강연 활동을 전개하였다. 이때 그는 지주와 소작농의 계급모순, 일제의 조선민족 차별을 질타하는 내용의 강연을 하여 일제의 탄압을 받았다. 1929년 10월 낙동강농민조합을 조직하기 위해 임시대회를 열던 중 경찰에 체포되어 징역 10월을 선고받았다. 출옥 후 낙동강농민조합을 지도하면서 서울에서 이종률과 함께 고학당(苦學堂) 교사, 사회실정조사연구회 간부로 활동하였다. 1930년 6월 종로경찰서 고등계사건으로 구속되었다. 그해 8월 어머니 전의 이씨가 사망하여 유치장에서 발상(發喪)하였으며, 부정소작료 지불에 대한 위임원으로 활동하였다. 1932년 9월 조선공산주의자협의회 산하 적색농민조합경남위원회에 낙동 대표로 참가했다. 이 문제로 검거되었으나 무죄로 석방되었다. 1933년에는 광주형평청년비사 사건으로 이종률 등과 함께 다시 투옥되었다. 1936년에는 의령협동조합 이사로 선출되어 활동하였다.

그는 해방 후 의령군 인민위원회 결성을 주도하여 위원장에 선임되었으며, 1945년 10월 경남도인민위원회 노농부장에 피선되었다. 당시 안균에 대한 군민들의 지지는 절대적이었다. 의령군민들은 안균의 품성과 사상에 동조하였으며, 군민들의 추대로 초대 민선 의령군수가 되었다. 미군정은 이를 인정하지 않고 신임 군수로 김철근을 임명하였다. 하지만 군민들의 강력한 반대에 부딪치자 해리스 도지사가 의령을 방문, 지방 유지들을 만나 의견을 수렴한 후 김철근을 해임하고 안균을 군수로 임명하였다. 하지만 그가 의령군수로 재직할 수 있었던 것은 1년을 넘을 수 없었다.

# IV 입산의 유적과 민속

# 입산의 유적과 민속

## 1. 고가들

조선시대 반촌답게 입산에는 제법 번듯한 고가들이 있다. 비록 지금은 사람이 살지 않아 무너져 내려 옛 영화를 쉽게 찾아볼 수 없지만, 그 터에 남아 있는 집들은 100년 전 이곳이 얼마나 번성해 갔는지를 확인시켜 준다.

비록 기울어져 가지만, 입산의 고가들 가운데에는 주인의 가세가 녹녹치 않았음을 보여주는 가옥들이 있다. 안효제의 재실인 수파정, 안호상 생가, 종가인 지헌고택, 근산 안준상 신원당(愼遠堂), 안희제 생가 등이 그것이다. 답사를 통해 주민들의 증언과 상량문을 확인해 본 결과 이들 가옥 가운데 가장 오래된 것은 신원당이었다. 신원당은 1903년에 건립되었고, 다음으로는 종가인 지헌고택이 1906년, 이어 안호상 생가가 1911년, 백산생가는 1915년, 수파정은 1923년, 마지막으로 종가의 별채가 1937년에 건립되었다. 입산에 위치한 고가들 가운데 신원당이 가장 먼저 건립되었으므로 신원당의 가옥구조는 입산 가옥의 원조라 할 수 있다. 신원당을 시작으로 건립된 입산의 고가들을 검토해 보면, 입산 사람들이 주로 어떤 구조로 집을 지었는지 확인할 수 있을 것이다.

## 근산 안준상 생가(신원당)

입산에서 가장 오래된 가옥은 초대 국회의원을 지낸 근산 안준상 선생의 생가인 신원당이다. 신원당 상량문에 의하면 신원당은 "대한광무 7년 계묘년(1903) 2월 26일 신미일 오후 5시~7시 사이에 기둥을 세우고 상량했다(大韓光武七年癸卯 二月二十六日辛未 酉時 立柱 上樑)"고 한다. 신원당은 입산의 고가들 가운데 유일하게 사람이 살고 있지만, 탐진안씨가 아니라 타성받이의 집이다. 신원당의 특징은 보통 양반고가들이 안채와 사랑채를 분리하던 것에 반해 안채와 사랑채를 한꺼번에 배열하고 있다는 점이다. 신원당의 왼편 끝에는 부엌이 오른편 끝에는 누마루가 있으며 정면의 기둥은 모두 둥글게 깎아 멋을 내고 있다. 또 누마루의 문양역시 사각으로 한껏 뽐을 내고 있어 주인이 이 집을 짓는데 적지 않은 공을 들였음을 확인할 수 있다. 이러한 신원당의 구조는 입산의 모든 고가들에게서 나타나는 공통적인 현상이다.

| 신원당 전경

한편 신원당에 살고 있는 분의 증언에 의하면 원래 신원당 앞에는 작은 초가가 있어 주로 노비들이 기거했다고 한다. 본채 앞에 작은 초가를 두었던 것은 입산의 다른 가옥들에게서도 확인되는 공통적인 현상이다.

## 지헌고택(止軒古宅)

입산마을 입향조인 지헌 안기종의 고택으로 10대를 이어 천석을 한 20대 대종가 집이다. 지헌고택은 탐진안씨들이 이곳에 정착한 이후부터 건립되어 있었을 것이나, 지금의 종가가 1906년에 세워졌다. 종가 본채 상량문에는 "대한광무 10년 병오년(1906) 2월 26일 계해일 유시(5~7시)에 기둥을 세우고 같은 달 28일에 상량했다(大韓光武十年丙午 二月二十六日癸亥 酉時立柱 同月二十八日 上樑)." 고 기록되어 있다.

종가는 자연석 주춧돌 위에 둥글게 다듬은 기둥들이 가볍게 종가를 받치고 있다. 종가 역시 신원당과 동일한 가옥구조를 가지고 있어 안채와 사랑채가 모두 본채에 있다. 다만, 종가는 신원당에 비해 규모가 크다. 아마 종가의 주머니 사정이 넉넉했기 때문이었을 것이다. 종가는 왼편에 부엌이 있고 안채, 툇마루, 누마루가 있다. 촘촘하게 세워진 신원당의 누마루 기둥들은 보는 이로 하여금 갑갑한 느낌을 가지게 하는 반면, 비례가 맞게 세워진 종가의 누마루 기둥들은 한층 호방한 느낌을 가지게 한다. 누마루의 문양은 신원당과 달리 '×'로 처리해 단순한데 이 문양은 안호상 생가에 영향을 주었다.

종가와 관련해서 주목되는 것은 종가의 구조이다. 종가의 본채 좌 · 우, 앞에 별채가 있는데, 종가 툇마루에서서 오른편에 위치한 별채는 창고이고, 왼편에 위치한 별채는 일제시기에 만들어진 것으로 작은 사랑채의 기능을 한 것으로 보인다. 한눈에 보아도 일본식 여닫이 문과 창이 있어, 한눈에 보아도 일본의 영향력을 쉽게 파악할 수 있다. 종가 오른편 별채는 "정축년(1937) 3월 봄 9일 신시에 기둥을 세우고 같은 달 12일 묘시에 상량했다(丁丑 三月旀 九日 申時 立柱 同月 十二日 卯時 上樑)."는 상량문이 남아 있다.

종가에서 무엇보다 흥미로운 것은 종가 앞에 위치한 별채이다. 이러한 별채는 신원당의 것과 유사하고 백산고가에서도 확인된다. 이런 가옥형태는 입산의 고유한 가옥구조로 이해된다.

| 지헌고택

## 안호상 생가

초대 문교부장관으로 유명한 안호상 생가이다. 안호상 생가는 "신해년(1911) 2월 15일 갑인일 미시(오후1~3시)에 기둥을 세우고 신시(3~5시)에 상량했다(歲在 辛亥 二月 十五日 甲申 未時 立柱 申

時 上樑).”고 상량문에 기록되어 있다. 안호상 생가는 마치 종가의 축소판과 같다. 종가보다 작은 5간의 건물에 왼편에는 부엌이 있고 오른편에는 누마루가 있어 역시 사랑채와 안채가 함께 있다. 누마루 역시 종가와 거의 같은 구조로 되어 있어 안호상 박사 생가를 지을 때 종가를 모델로 하였음을 확인할 수 있다.

안호상 박사 생가와 종가의 유사성은 안호상 생가 왼편에 위치한 별채에서도 확인할 수 있다. 역시 종가와 거의 같은 위치에 별채가 위치하고 있어 이것 역시 종가를 모델로 하였던 것으로 보인다.

한편 안호상 생가는 한국전쟁 당시 인민군 야전 병원으로 활용되었다고 한다. 당시 인민군 야전 병원에 있던 입산마을은 미군의 공격대상이 되었다.

| 안호상 생가

## 백산 생가

독립운동가 백산 안희제의 생가이다. 마을의 고가 가운데 유일하게 경남문화재자료 제193호로 지정되어 있다. 1915년 8월 10일 상량문을 올려 비교적 늦게 완성된 집이다. 백산 집안이 700석 규모의 경제력을 가지고 있었으므로 너른 집터에 건물들이 넉넉하게 자리잡고있다. 하지만 1994년 보수공사도중 실화로 본래의 건물은 소실되어 버렸고, 지금있는 건물은 1996년 5월 21일 복원된 것이다.

백산 안희제 생가역시 그 구조는 종가와 거의 흡사하다. 중심이 되는 건물은 사랑채와 안채가 결합되어 있어 오른편에 사랑채와 누마루가 있으며 대청을 거쳐 왼편에 안채와 부엌이 있다. 또 부속된 별채 역시 생가 앞을 지키고 서 있어 종가와 동일한 구조임을 알 수 있다. 또, 지금은 나무와 담장으로 되어 있지만, 백산 안희제 종손 안경하 선생의 증언에 의하면 누마루 오른쪽으로는 창고가 있었다고 한다. 이 역시 종가의 구조와 별만 다르지 않다.

| 백산생가

## 수파정

고종 20년(1883) 34세에 문과에 급제하여 홍문관 수찬 및 흥해 군수를 역임한 후 독립유공자로 건국훈장 애족장을 추서 받은 수파 안효제 추모정사이다. 수파정 상량문에 의하면 "단군이 개국한 지 4,256년(1923) 계해 8월 초나흘에 기둥을 세우고 같은 달 8일에 상량했다(檀君開國 四千二百五十六年 癸亥 八月 初四日 立柱 同八日 上樑)."고 한다.

수파 안효제는 1916년 만주에서 사망하였으므로 수파정은 안효제가 사망한 후 건립된 추모정사임이 확실하다. 수파정은 작지만 날렵한 추녀가 돋보이는 잘 지어진 가옥이다. 수파정의 구조역시 종가나 신원당과 크게 다르지 않다. 다만 수파정은 추모정사이다 보니 부엌과 창고가 없고 수파정의 왼편에 누마루 영역임을 표시하기 위해 신원정과 똑같은 난간을 설치해 두었다.

수파정은 관리가 제대로 되지 않고 방치되어 있는데, 수파정 안에는 언제 그렸는지는 모르지만 빛바래가는 안효제의 근영이 있고 그 아래 후학들이 무진년 안효제를 생각하면서 지은 시가 한수 적혀 있다. 무진년은 1988년 혹은 1928년이 있는데, 영정의 상태와 시의 내용으로 보아서 1928년에 쓰여진 것으로 추정된다.

**개성역 포은의 비 앞에서**

문충공(정몽주)은 그날 마땅한 길에서 죽었기에
5백년이 지난 오늘, 이 비석 위에도 살아 있구나.
구차스럽게 사는 것 보다야 바르게 사는 것이
오히려 그 이름이나마 영원히 사는 것이니
여태 내가 부끄럽구나

옳게 죽을 기회 내게는 언제 올런지

후학 하영선(河永善)이 삼가 짓고
후학 남건상(南建相)이 삼가 옮기다

| 수파정

## 2. 효행정려 및 기타

### 이충각(移忠閣)

임진왜란 당시 곽재우와 함께 의병장으로 활동한 지헌(止軒) 안기종(安起宗)의 유허비을 보호하기 위한 비각이다. 이 유허비는 원래 안골에 있었는데 뒤에 탐진안씨 종손이었던 안익상(安翊相)이 주도하여 이곳으로 옮겨왔고 그 비각도 세웠다.

| 이충각

### 효행정려(孝行旌閭)

파조 헌납공 이하 연6세 8자손 모두의 정려와 대를 건너 효자와 열부 10명의 효행 정려각이다. 원래 탐진 안씨의 정려각은 영산현에 있었는데 설산재(雪山齋) 안여석(安如石: 1717~ 1787)이 그것을 이곳으로 옮겨왔다. 효행정려는 원래 일곱명의 효자를 대상으로 하였으나 입산으로 옮겨온 후 한 명이 추가되어 지금의 모두 8명의 효자정려가 있다. 다만 원래 칠효각이라는 재호를 가졌으므로 지금도 고치지 않고 칠효각이라고 한다. 정려된 인물은 아래와 같다

- 효자 사간원우헌납 안도지려(孝子 司諫院右獻納 安堵之閭)
- 효자 증호조정랑 안경지려(孝子 贈戶曹正郎 安經之閭)

· 효자 전라도도사 안건지려(孝子 全羅道都事 安乾之閭)
· 효자 이조정랑 안종우지려(孝子 吏曹正郎 安從祐之閭)
· 효자 충순위 안처우지려(孝子 忠順衛 安處祐之閭)
· 효자 충순위 부사정 안순민지려(孝子 忠順衛副司正 安舜民之閭)
· 효자 건원능참봉 안윤옥지려(孝子 建元陵參奉 安潤屋之閭)
· 효자 후능참봉 증이조정랑 안인지려(孝子 厚陵參奉 贈吏曹正郎 安仁之閭)

| 효행정려

## 낙동강농민조합 터

1929년 9월 20일 입산리의 입산학원에서 안균(安鈞), 안상록(安相祿), 안맹제(安孟濟), 이상세(李相世) 등이 중심이 되어 설립한 농민조합이다. 안균 등은 행정구역 단위를 넘어 낙동강 연안의 농민들을 조직해 농민조합을 만들려고 하였다. 1929년 12월 31일 입산학원에서 창립대회가 열려 본격적으로 출범한 농민조합은 임원들이 기금을 내어 고산재로 올라가는 어귀에 낙동강농민조합 사무실을 만들었다. 6칸의 기와로 만들어진 농민조합 건물은 이제는 그 흔적을 찾아볼 수 없고 다만 그 터만 남아 있다.

| 낙동강 농민조합 터

## 이로(李魯)선생 묘소

입산마을의 양지골에는 임진왜란 당시 의병장으로 유명한 이로(1544~1598)의 묘소가 있다. 이로의 자는 여유(汝唯)이며 호(號)는 송암(松巖)이고 본관은 고성(固城)이다. 조부는 이한(李翰)이고, 부친은 통례원인의(通禮院引儀) 이효범(李孝範)이며, 모친은 판관 문은(文垠)의 딸이다.

이로는 1560년(명종 15년) 거제도에 유배와 있던 유헌(游軒) 정황(丁熿)에게 수학하였으며, 1562년에는 수우당(守愚堂) 최영경(崔

永慶)의 문하에서 수학하다 이듬해 경남 산청의 덕산으로 가 남명(南冥) 조식(曺植)의 가르침을 받았다.

1564년(명종 19) 진사시에 급제한 후, 을사사화 때 화를 입은 관리들을 신원해 줄 것과 간신들을 징치할 것을 아뢰었다. 이후 봉선전참봉(奉先殿參奉)을 거쳐 1590년(선조 23) 증광문과에서 갑과로 급제하여 직장이 되었다. 이듬해 조선의 국서에 대한 답신으로 보낸 토요토미 히데요시[豊臣秀吉]의 글이 무례한 것을 규탄했다.

한편 이로가 자신의 이름을 드높인 것은 1592년 발발한 임진왜란 때였다. 국난의 시기를 맞아 그는 대소헌(大笑軒) 조종도(趙宗道)와 함께 서애(西厓) 유성룡(柳成龍)을 찾아가 창의할 뜻을 전하며 남쪽으로 향했다. 삼가 · 단성에 도착한 이로는 동생 이지(李旨)와 함께 의병을 일으킨 후, 주변 고을에 창의의 통문을 보내었다. 이후 함양에서 초유사(招諭使) 김성일(金誠一)을 만난 후, 그와 함께 진주에 입성했다. 그러나 강력한 왜적를 방비하기에 진주성의 상황은 너무나 처량했다. 당시의 형국에서 학봉 김성일과 이로는 진주성과 운명을 함께 할 것을 약속하였는데, 이때 학봉이 읊은 시가 바로 촉석루에 있는 삼장사시이다.

이로는 김성일을 도와 그의 종사관(從事官) · 소모관(召募官) · 사저관(私儲官)으로 활약하면서 의병을 일으키고 군량을 보급하였으며 각종 군무를 담당하여 자신의 능력을 발휘했다. 1593년 형조좌랑(刑曹佐郞)과 경상도사(慶尙都事)에 임명되었는데, 당시 명나라 장수 이여송(李如松)이 일본과 화친하려 하자, 그에게 글을 보내 그 불가함을 논박했다. 이듬해 비안현감에 임명되었다가 1597년 정언(正言)이 되었으며 도체찰사(都體察使) 이원익(李元翼)의 참모관으로 재직하면서 많은 공을 세웠으나 1598년 학질로 사망했다.

1765년 예조참의(禮曹參議)에 추증되고, 1802년에 낙산서원(洛山書院)에 입향되었다. 이후 이조판서(吏曹判書)에 추증되었으며 1871년에 정의(貞義)라는 시호를 받았다. 저서로는 문집 『송암집

(松巖集)』이 있으며 임진왜란 당시 경상우도에서 활약하면서 전황과 대책 등을 상세하게 기록한 『용사일기(龍蛇日記)』가 있다.

| 이로 선생 묘소

## 3. 옛 학교

### 상로재(霜露齊)

지금으로부터 300여년 전에 만든 탐진안씨의 재실이다. 서리가 내리면 조상의 산소를 돌보고 군자의 도에 따라 조상께 제사를 지내야 한다는 뜻에서 상로재라 이름하였다. 이곳에서는 안윤옥(安潤屋), 안인(安仁), 안기종(安起宗) 세 사람의 위패를 모시고 그들에 대한 제사를 지냈다. 상로재는 1908년 사립창남학교를 설립한 직후 임시학교로 사용되었던 유서깊은 곳이기도 하다. 상로재는

1918년 안익상(安翊相) 등이 새로 중수하여 현재까지 전해온다.

한편 상로재 앞에는 지금은 물이 고여 썩어가는 연못이 하나 덩그러니 놓여 있다. 이 연못은  일본의 연못과 같은 방식으로 만들어 진 것으로 보아 아마 일제시대에 조성되었을 것으로 보인다.

| 상로재

## 고산서당(高山書堂)

고산서당은 1778년 설산공(雪山公) 안여석(安如石)이 입산리 뒷산 중턱에 세운 고산재에서 시작되었다. 안여석은 고산재를 세워 만년을 보낼 장소로 삼으려 했으나 너무 산꼭대기에 있어 몇 걸음 아래 떨어진 바위 언덕에 다시 집을 세웠다. 동쪽을 습사(習舍), 서쪽을 강정(講亭)이라 했으며 고산서당이라는 편액을 올렸는데, 편액은 관찰사였던 이병모(李秉模)가 썼다. 1787년 안여석이 사망한 후 그의 3남 안덕문(安德文)이 다시 중수하였으며 1820년 에 다시 쪽방 두 개를 지어 서책을 갈무리하는 곳으로 삼았다. 그러나 세월이 지나면서 다시 중수하자는 논의가 있었고 결국 1853년에 번잡한 것은 줄이고 좁은 것은 넓혀 중수를 끝마쳤다.

한편 탐진안씨 문중에서는 고산서당의 운영을 위해 토지 일부를 소속시키고, 유사(有司)를 정해 철저히 관리하였다. 1866년 조정에서는 척화(斥和)의 분위기를 고조시키기 위해 각 고을에서 강회를 개최토록 하였는데, 이때 안휴로가 6, 7개 동네의 자제들을 모아 매월 강회를 열고 이 내용을 『고산강록(高山講錄)』이라는 책으로 편찬하였다. 당시 관찰사가 이중 일부를 조정에 보고하기 위해 가져갔고, 한 권은 성재(性齋) 허전(許傳)이 서문을 쓰기 위해 가져가는 등 세간의 주목을 받기도 했다.

## 4. 구비전승

### 설뫼 마을 앞 방풍림에 관한 전설

부림면 설뫼마을과 경산마을 사이로 세간천이 흐르고 있었고, 옛날 설뫼에 탐진 안씨 마을 터를 잡았을 당시는 그 마을 이름이 설매(雪梅), 설뫼[雪山]였는데 어쩐지 마을이 번성하지가 못하였다고 한다. 어느 날 마을의 할아버지 한 분이 개울가에서 낚시를 하고 있는데, 어떤 스님이 마을을 바라보고 있더니 혼잣말을 하면서 지나가는 것이었다.

바로 그때, 뭔가를 느꼈던 그 할아버지가 달려가서 그 스님을 자기 집으로 모시고, "아까 대사께서 지나가면서 무슨 말씀을 하였는데, 그것이 알고 싶어서 이렇게 모셨습니다."라고 하였다. 그러자 그 대사가, "저 건너편 마을 이름이 '볕뫼' 아닙니까? '볕' 을 '볕' 으로 볼 때, '볕뫼' 는 '빛의 산' 이니 어찌 '눈[雪]' 이 '빛' 을 이겨낼 수 있겠습니까?"라고 말했다. 이에 , "그 '빛' 을 막아낼 좋은 방안은 없겠습니까?"라고 묻자, 그 대사가 "마을 앞 냇가에 나무를 심으십시오."라고 일러주었다. 나무는 햇빛을 가리기 때문이다. 그 대사의 말에 따라, 그때부터 마을 앞에 나무를 심었는데, 그 후부터 설뫼 마을은 흥하게 되었다는 전설이 있다.

신반에서 의령읍으로 가면 설뫼마을 입구에 세간천 위에 놓여 있는 다리가 있다. 그 다리를 지나서 경산마을로 가는 길로 접어들면 바로 오른편에 바위가 죽 솟아 있는데, 옛날은 그 바위 위로 길이 있어 그 바위를 '벼리'라 하였다. 이 '벼리'에 연유해 마을 이름이 '볃뫼'가 되었는데, 지명을 한자로 바꾸면서 직역하여 '경산(景山)'이 된다. 설뫼는 마을앞 냇가에 나무를 심고 나서는 이름을 '설뫼(立山)'로 바꾸어 오늘에 이른다고 한다.

## 장군샘 전설

입산에 안씨들이 정착하기 전에, 이 근처 반란에 실패한 장군이 산을 지나갔다. 목이 매우 말랐던 장군은 산에 있던 한 샘에서 물을 먹고 일어났는데, 그 때 노곤한 몸을 일으키기 위해 샘물에 손을 짚었다. 그 때 장군이 짚었던 손자국이 지금도 샘 안에 남아 있다고 한다. 또 장군이 그 물을 마실 때 샘 옆에 있던 바위가 거슬렸는지 그 바위를 산 아래로 던졌는데 그 바위가 마을 중앙까지 날아 와 새마을 운동으로 사라질 때까지 마을 한 귀퉁이를 지키고 있었다고 한다.

## 수파 안효제와 동학도 (구연자 : 허백영)

동학도들의 난동이 있었는데, 안 교리 출생지가 있던 입산에 십리 안에 접근하지 말라는 그런 동학도끼리의 예의가 있었다는 얘기가 어른들로부터 구전되고 있습니다. 그래서인지 안효제씨의 생장지인 입산을 기점으로 십리 둘레에 있는 동네는 동학도의 피해가 전혀 없었습니다.

당시 사람들은 정신적으로 동학에 호응하면서도 동학 난에 참가하면 역적이 되기 때문에 동학과 거리를 두고 있었지만, 많은 사람이 여전히 동학과 깊은 관계를 맺고 있었습니다. 그 중에서도 가장 중요한 역할을 한 사람이 수파선생입니다. 그러나 그분의 문중이나 후손이 이 문제를 전혀 발설을 하지 않습니다. 그래서 저와 남선생님이 연구를 하려고 합니다. 수파집을 겨우 구해서 연구도 해보았지만, 아직은 뚜렷한 결론을 내리지 못했구요, 후손들도 계속 부인하고 있습니다.

## 수파 안효제와 일화 (구연자 : 남경)

동학 난에 대해서 알고 있는 것은 최제우 교주로부터 전봉준 이이르 것은 전부 밝혀진 일 아닙니까. 왕비열전 19권에 보면 동학난이 나옵니다. 거기에 보면 분명이 의령에 사는 수파 안효제 선생이 중대한 역할을 하고 있습니다. 의령에는 홍의장군 뒤에 안효제선생, 다음에 백산 이런 인물이 이어졌다고 볼 수 있는데, 그러나 수파선생의 참된 역사적인 평가가 이루어지지 않고 있습니다. 다만 합방에 반대하는 결사적인 투쟁이 역사적으로 조금 부각될 뿐이었죠.

그 분은 일개 교리였지만, 합방 반대하는 세력 중에 일본사람들이 제일 두려워한 분입니다. 왜 그러냐? 합방에 반대안하면 미미한 존재에도 불구하고 일본이 백작이나 남작을 주려고 했습니다. 촌선비가 남작이 된다고하면 대단한 일인데 수파는 그것을 거절했습니다. 그 거절만으로도 수파는 높이 평가 받을 수 있지만, 무엇보다 일본에서 남작을 주려고한 것은 일본이 수파선생을 높이 평가하고 있었기 때문이겠죠?

그러나 그 당시에 안효제 선생은 동학의 주동자고 조종자인 것이 일반에 알려지면 궐내에서 살수 없기 때문에 그분의 행적은 아무도 모릅니다. 심지어 집안에서도 모릅니다. 단지 집안에서 아는 것은 안효제 선생이 유배 갔다가 풀려나올 때, 선생이 풀려 난지 어떻게 알았는지 전라도의 젊은 청년 수십명이 안효제 선생을 영접해서 의령까지 안효제 선생을 모시고 왔다는 정도입니다. 그건 얼마나 수파 선생이 동학들의 지지를 얼마나 받았는지 확인시켜 주는 대목이죠.

각 지방에서 동학난이 났을 때 소위 문무를 차리고 잘 사는 집안 치고, 화를 안 입은 집안이 없습니다. 특히 인심을 잃은 집안은 불타고 피해가 컸습니다. 그러나 수파 선생 살았던 입산에는 발걸음도 안했습니다. 동학도들이 얼마나 수파선생을 이해하고, 존경하고 있는 가를 이런 측면에서 충분히 엿볼 수 있습니다.

한편 왕비열전은 천도교의 기록에 의거해서 쓴 책이기 때문에 역사적으로 의미가 있습니다. 왕비열전에 근거해보면 대원군이 민비한테 세력이 끊겨서 불행한 시절에 서강 배창가에서 고기를 낚고 있는데, 거기에 (안효제 선생이) 찾아왔다고 합니다. 비록 교리였지만 안 교리는 정치적으로 큰 뜻을 품고 대원군을 찾아간 거죠, 그렇지 않으면 민비하고 반대세력인 대원군을 찾아갈 리가 없습니다.

안 교리는 머리도 우수했지만, 구변도 좋았어요. 대원군을 상대로 사람을 잡을 정도로 열변을 토했고 이론도 뛰어났다고 합니다. 그래서 대원군이 누구보다도 가장 중용하고 신임한 사람이 안 교리였다고 합니다. 이론과 목적이 분명하고 주관이 뚜렷하기 때문에 대원군이 중요한 임무를 많이 안 교리에게 맡겼던 거죠. 이 사람이 이론적으로 굉장히 우수한 사람이고 철저하게 동지적 역할을 할 수 있는 사람이라고 대원군이 간파하고 안 교리를 등용했습니다. 사실 안 교리는 오직 대원군과 동학을 연결시키려고 대원군을 찾아갔지, 자신의 벼슬을 원해서 그런 것이 아닙니다.

그러니까 녹두장군이 대원군 밑에서 석달 동안 식객노릇을 하고 있었습니다. 그런데 대원군은 그걸 몰랐던 겁니다. 그건 안 교리를 대원군이 신임했기 때문에 집에 누가 왔다가도 안 교리를 의심하지 않았기에 가능한 것이었습니다. 안 교리는 최제우 선생과 대원군을 연결시키려고 노력했으나, 결국 성사하지는 못했습니다.

안 교리의 자리는 낮지만 최제우가 안 교리를 통해서 대원군을 만나려고 했던 것 자체만을 봐도 안 교리가 동학에서 차지하는 위치가 대단했음을 알 수 있습니다. 그리고 안 교리가 녹두장군을 3달 동안 자신의 휘하에 둔다는 것도 그가 대단하다는 것을 보여주는 예라고 할 수 있겠죠.

## 5. 민속

### 고산재화수회취(高山齋花樹會聚)

매년 봄 적당한 날이면 곡내(谷內) 일가 며느리들과 시집간 딸내들이 고산재를 비롯하여 율리재와 조양재에 전부 모여 놀았는데, 이때 돼지를 잡아 국을 끓이고, 쌀로 밥을 지으며 오곡을 갖추는 등 갖은 음식을 장만하여 이날 하루만은 마음 놓고 유쾌하게 지냈다. 모이는 장소는 순차적으로 정했다고 한다. 가정에 파묻혀서 정신없이 가사를 돌보다 이날만은 가사로부터 해방되어 마음껏 즐겼다. 이 회취(會聚)는 그간 자주 볼 수 없었던 며느리와 딸들이 서로 얼굴도 익히고 친목을 도모하여 일가로서의 정체성을 확립하는데 좋은 계기가 되었다. 한편 매년 이 회취가 끝나면 집안의 어른들이 규방가사를 지어 두루 읽게 하였다.

**화수가**

어와제종매야

반갑고만 반가워라
잘잇다가 왓느야
춘초는 면면록하고
강남갓든 제비들도
옛집을 차자든다
너의들 제종매도
동서남북 헛허졋다
친정곳 차자더니
때마침 은지든고
춘삼월 기망일에
만물은 약동하고
불근 꽃 푸른 닙과
나는 나비 우는 새가
춘광춘색 자랑하니
오늘날 이 회취는
깃부고도 유관하다.

--하략--

## 화정(花煎)놀이

봄날 진달래 피면, 앞으로 찾아올 농번기에 힘을 모아 농사에 임하기 위해 입산 안씨들은 집안의 남녀가 모여 이 놀이를 즐겼다. 입산 안씨들은 화창한 봄날을 택해 이 놀이를 하며 서로의 친목을 도모했던 것이다.

집안의 처녀 총각들과 시집간 또래의 딸들이 진달래 피는 적당한 봄날을 택하여 하인들로 하여금 장백산 중턱 넓은 공지 잔디밭에 솥을 걸고 음식을 장만할 꺼리를 공급하게 한다. 이때는 각 개인이 얼마간의 쌀을 모았으며 하인들은 지정한 곳에 솥과 전붙일 솥뚜

경을 걸고 화전 준비를 진행한다.

오전에 전부 모여 남자는 산위에 만발한 진달래 꽃잎을 정성껏 따오고 여자는 들판의 달래와 돌미나리를 캐어 온다. 점심이 가까우면 이곳에서 화전을 붙이고 국 끓이고 밥을 하여 오후 해가 저물도록 노래하며 즐긴다.

## 고시조(古時調)놀이

이 놀이는 주로 하루 일과를 끝낸 후 아녀자들이 안방에 모여 생활에 대한 이런저런 이야기를 나누면서 즐기던 것이다. 언제부터 안씨 집안에서 이 놀이를 즐겼는지 확인되지는 않으나 구비전승에 의하면 상당히 오래 전부터 이 놀이를 즐겼던 것으로 보인다.

놀이의 주관자가 시조의 초장부터 종장까지를 외우면 종장을 찾아서 맞추는 놀이이다. 즉 초장 · 중장 · 종장까지를 적은 카드와 종장만을 적은 카드를 방바닥에 펼쳐놓고 시조 한수를 읽으면 경기에 참여한 사람들이 종장을 적은 카드를 찾아내는 놀이였다. 놀이의 주관자가 100수에 달하는 시조의 원문을 적은 카드와 종장만 적은 100매의 카드를 펼쳐놓고 초장부터 읽으면 놀이에 참가한 사람들 가운데 재빨리 종장을 찾은 자가 승자가 되는 놀이였다. 이 놀이에 사용된 시조 가운데 대표적인 것은 아래와 같다. 이 시조놀이[歌鬪]는 시인 안을현(安乙賢)여사가 제공해 주었음을 밝혀둔다.

한손에 막대잡고 또 한손에 가싀집고
늙는 길 가싀로 막고 오는 백발 막대로 치려터니
백발이 제 몬저 알고 지럼길로 오더라. -우탁-

녹이상제 살지게 먹여 시냇물에 싯겨 타고
용천설악을 들게 갈아 두레 메고

장부의 위국충절을 세워볼가 하노라. -최영-

이런들 어떠하며 저런들 어떠하리
만수산 드렁칡이 얽어진들 긔어떠리
우리도 이같이 하여 백년까지 누리리라. -이방원-

이몸이 죽어죽어 일백번 고쳐죽어
백골이 진토되어 넋이라도 있고 없고
님 향한 일편단심이야 가실줄이 잇이랴. -정몽주-

오백년 도읍지를 필마로 돌아드니
산천은 의구하되 인걸은 간듸없네
어즈버 태평연월이 꿈이런가 하노라. -길재-

서인교 나린 물이 자하동에 흐으르니
반 천년 왕업이 믈 소래 뿐이로다
아희야 고국 흥망을 물어 무삼하리오. -정도전-

## 한시(漢詩) 놀이

이 놀이는 고산재에서 학동들이 명심보감과 소학까지의 교과과정을 이수하고 난 후 실력을 배양하기 위해 안씨 집안에서 오래전부터 즐기던 일종의 학습놀이다. 연원은 고산재 창건 후부터로 추정된다. 그러므로 약 300년 정도의 역사가 있는 것으로 보인다.

주관하는 사람이 한시 전문을 기록한 책을 잡고 기구(起句) · 승구(承句) · 전구(轉句) · 결구(結句) 각 25매 총 100매를 기록한 죽판을 바닥에 섞어서 흩어놓는다. 주관자가 기구(起句)를 부르면 승구(承句) · 전구(轉句) · 결구(結句)를 찾는 놀이였다. 주관자는 한시

한수 전문을 계속 읊는다. 시구(詩句)는 주로 추구와 명현들의 시구에서 채집한 것이다. 이 놀이는 항상 죽판을 추가할 수 있어 학습 효과가 뛰어났다고 한다.

시집은 붓으로 적어 30매 단위로 1책을 만들고 대나무를 얇게 다듬어서 승구 · 전구 · 결구를 붓으로 적어 놀이 기구를 만든다. 이렇게 하면 1세트가 된다. 사용된 한시들은 다음과 같다.

春作四時水요 人爲萬物靈이라 水火木金土요 仁義禮智信이라.
天地人三才요 君師父一體라 天地爲父母요 日月似兄弟라
夫婦二姓合이요 兄弟一氣連이라 父慈子當孝요 兄友弟亦恭이라
父母千年壽요 子孫萬歲榮이라 愛君希道泰요 憂國願年豊이라
妻賢夫禍少요 子孝父心寬이라 子孝雙親樂이요 家和萬事成이라
思家淸宵立이요 憶弟白日眠이라 家貧思賢妻요 國難思良相이라
綠竹君子節이요 靑松丈夫心이라 人心朝夕變이요 山色古今同이라
江山萬古主요 人物百年賓이라 世事琴三尺이요 生涯酒一杯라
盛年不重來하고 一日難再晨이니 及時當勉勵하라 歲月不待人이라
洗硯魚呑墨이요 煮茶鶴避煙이라 松作延客蓋요 月爲讀書燈이라
文章李太白이요 筆法王羲之라 一日不讀書면 口中生荊棘이라
花有重開日이나 人無更少年이라 白日莫虛送하라 靑春不再來니라
水去不復回요 言出難更收라 學文千載寶요 貪物一朝塵이라
大旱得甘雨하고 他鄕逢故人이라 畵虎難畵骨이요 知人未知心이라
遠水連天碧이요 霜楓向日紅이라 山吐孤輪月이요 江含萬里風이라
天高日月明이요 地厚草木生이라 月出天開眼이요 山高地擧頭라
春來李花白이요 夏至樹葉靑이라 秋凉黃菊發이요 冬寒白雪來라
日月千年鏡이요 江山萬古屛이라 東西日月門이요 南北鴻雁路라
春水滿四澤이요 夏雲多奇峯이라 秋月揚明輝요 冬嶺秀孤松이라
初月將軍弓이요 流星壯士矢라 掃地黃金出이요 開門萬福來라
水國秋光暮하니 驚寒雁陣高라 憂心輾轉夜에 殘月照弓刀라

日月籠中鳥요 乾坤水上萍이라 白雲山上蓋요 明月水中珠라

月爲宇宙燭이요 風作山河鼓라 月爲無柄扇이요 星作絕纓珠라

白頭山石磨刀盡이요 頭萬江水飮馬無라 男兒二十未平國이면 後世誰稱大丈夫라

少年易老學難成이니 一寸光陰不可輕하라 未覺池塘春草夢인데 階前梧葉已秋聲이라

이 민속은 고산재에서 명심보감과 소학을 마친 학동들이 시구를 외우고 학습하며 즐기던 놀이다. 이 놀이는 근산(槿山) 안준상(安駿相)선생이 생전에 들려준 민속이다. 그러나 유품이 현재 전하지 않아 안타깝다.

## 맞보기

맞보기는 마주보기의 준말이다. 옛날 양반가에 출가한 부녀자들은 쉽게 외출할 수 없고 동기간이 등 너머에 살면서도 만나지 못하고 속으로 그리워만 하며 지내야만 했다. 이런 상황에서도 동기간뿐 아니라 양가의 부녀자들은 서로 인사하고 우의를 다질 기회가 없었다. 때문에 어른들은 만남의 장을 만들어 주었는데 이것이 바로 맞보기였다.

6월 유두일을 전후하여 적당한 날을 택해 두 개 혹은 세 개 이상의 문중이 편안하게 만날 수 있는 적당한 장소를 정한 후 모이기로 약속하였다. 약속 날이 되면 각 문중에서는 당시에 생산되었던 외수박과 각종 과일을 비롯하여 각 문중에서 자랑하는 요리의 재료를 장만해왔다. 한 곳에 모인 각 문중의 부녀자들은 자신들이 가져온 재료로 음식을 장만한 후, 서로 환담을 나누며 하루를 회취하여 즐겼다.

# V 고문헌

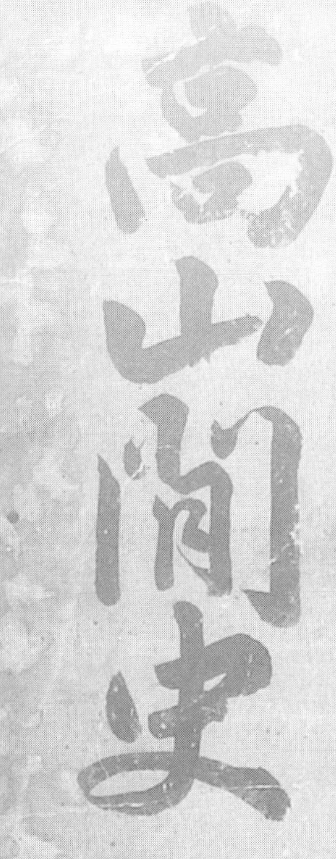

# 고문헌

## 1. 마을 전적

### 『강진안씨세보(康津安氏世譜)』

금속활자본으로 3권 3책이다. 서문은 1806년에 이원조(李源祚), 구보의 서문은 경인년에 광산 후인 김시찬(金是瓚)이 썼다. 책의 구성은 동해삼강록려묘도(東海三綱錄廬墓圖), 범례, 세계도, 구체적인 세보 내용으로 되어 있다. 표지에 의령, 단성, 삼가라고 쓰여 있다. 발문은 후손 안처정(安處貞), 안휴로(安休老), 안찬(安鑽)이 각각 썼고, 중간 발문은 후손 안방로(安邦老), 안익제(安益濟), 안영제(安英濟), 안식(安植)이 썼다. 간기는 기해년 상로재(霜露齋) 중간(重刊)이다. 내용은 강진안씨의 세계를 기록한 보첩이다.

### 『고산한사(高山閒史)』

4권 2책, 필사본 1책으로 상과 하로 구분되어 있다. 책의 주 내용은 고산서당과 관련되어 있다. 상편은 설산재(雪山齋) 안여석(安如石)이 고산재를 세우고 지은 시, 서당을 창건하는 과정을 적은 안덕문의 글, 서당정식(書堂定式), 고산재중수기, 16경발(景跋), 16경시(景詩), 16경기(景記), 16경서(景序)로 되어 있다. 하편은 계축중수상량문, 중수기, 중수 후에 읊은 시로 되어 있다.

내용에서는 먼저 고산서당과 관련한 부분으로 고산서당 창건 이유, 조달 인력과 비용, 토지와 기타 물력 조달 내력을 안덕문이 쓴

서당창건사실이 있다. 또 서당의 운영 규정에 해당되는 서당정식(書堂定式)이 있는데, 지금까지의 서당 수호의 과정에서 재유(齋儒)와 재승(齋僧)의 역할을 언급하고, 이후 후손들이 유사(有司)를 두어 서당 부근의 나무를 베지 못하도록 감시하고, 토지와 산지를 개인적으로 팔지 못하도록 규정하고 있다. 한편 고산재중수기에서는 서당이 낡아 보수하면서 3칸을 지어 동쪽은 습사(習舍)라 하고, 서쪽은 강정(講亭)이라 하였으며, 당액(堂額)은 전 경상도 관찰사 이병모(李秉謨)가 쓴 내역을 적고 있다.

다음으로 고산의 16경 시는 고산재 주위의 모습을 묘사한 것으로 안덕승, 안덕광, 안국필이 지은 것이다. 이유방장서(二酉房藏書序)는 이택왕(李擇往)이 여산(廬山) 백석암(白石庵)에 책 90권을 숨겨 놓고 읽은 뜻을 빌어 자신도 재를 지어 공부와 수신의 장소를 삼고자 하여 고산재를 지었다는 글로 안경로, 안덕승, 안덕광, 안국필이 각각 썼다.

| 고산한사와 그 내용 중 서당정식 부분

## 『남선록(南選錄)』

안덕문의 증손자인 소농(素農, 뒤에는 서강(西崗)으로 호를 개칭)

안익제(安益濟)가 1903년 장춘관(張春觀, 관직 丞宣)과 함께 지리산을 유람하면서 여러 곳의 산천, 인물, 누대, 사찰 등 명승을 기록하고, 낙동강에서 배를 띄워 여러 선비들과 노닐며 음영했던 시들을 모아 놓은 것이다. 이때 안충제, 안희제, 유진하(劉鎭夏) 등도 젊은 선비로서 참여하였다고 한다.

이 책은 1책으로 되어 있으며, 서문은 1903년 자양서숙에서 썼으며, 발문은 1906년에 안방로(安邦老)가 썼다. 당시 장춘관도 별도로 '남선록'을 남겼는데, 이는 서차와 내용이 다소 다르다. 이 책은 그의 문집인 필사본 『서강유고(西崗遺稿)』에도 실려 있지만, 거기에는 내용이 모두 실려 있지 않다. 곳곳에서 읊었던 시의 내용 등이 빠져 있고, 다른 내용도 압축되어 있다. 특히 남선록 상권 두류록(頭流錄)에서는 칠령, 북암, 단성, 시천을 지나면서 각 지역의 지명과 유적지를 소개하면서, 자신의 소회를 적고 있는데, 지리산 방장산 두류산으로 나눠 소개하고 있다. 하권 악양록(岳陽錄)도 인근 지명과 유적지에 대한 설명과 소회를 적고 있는 기행문이다.

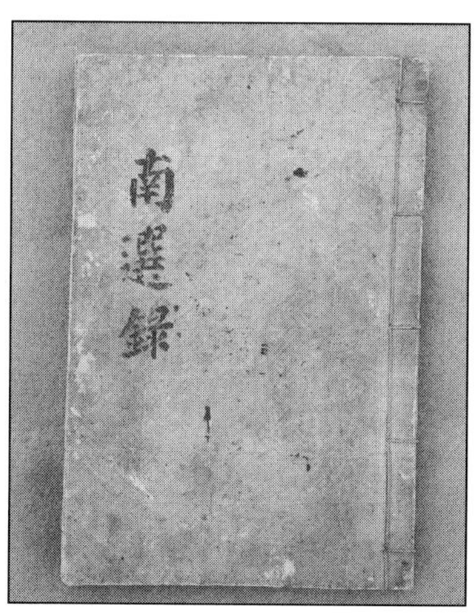


| 남선록

### 『난암집(蘭巖集)』

안덕승의 시문집이다. 이 책은 『세방집(世芳集)』에 권2로 포함되어 있다. 책의 구성은 시(詩), 서(序), 기(記), 명(銘), 문(文), 발(跋), 잡저로 되어 있다. 시 가운데서는 기암팔경(棄庵八景)을 읊은 것, 고산재 16경을 읊은 것, 가소헌(可笑軒)의 속리산 기행의 소회를 읊은 부분이 주목된다. 서에서 고산재는 안씨 문중의 연마의 장소이며, 이곳에 서적을 보관하는 곳을 이유(二酉)라고 부르게 된 유래를 서술한 고산재이유방장서서(高山齋二酉房藏書序)가 있다. 기에는 고산재 16경과 기암팔경의 유래와 의미를 각각 적은 것이 있다. 잡저 가운데서는 천체의 운행과 역법에 대해 적은 기삼백석의(朞三百釋義)와 역대역년기(歷代歷年紀)가 주목된다.

### 『단헌집(檀軒集)』

안처정의 시문집이다. 이 책은 『세방집(世芳集)』에 권3~5로 포함되어 있다. 책의 구성은 시(詩), 만(輓), 유사, 문(文), 세(序), 기(記), 서(書), 찬(贊), 발(跋)로 되어 있다.

내용으로 시에서는 고산의 계곡을 노래한 고산석계오곡(高山石溪五曲), 부산과 하동 지역을 기행하면서 유적지를 노래한 부분, 동전을 보고 느낌을 적은 만력통보(萬曆通寶)와 숭정통보(崇禎通寶)가 주목된다. 문에는 고산재의 중수와 재원 마련 과정을 적은 고산재중수상량문, 오랑캐가 창궐하고 사설(邪說)이 난무하는 혼란기에 공맹(孔孟)의 도로써 이단과 사설을 물리칠 것을 적은 척사문(斥邪文)이 있다. 기에서는 갑인년 8월 금오산을 기행한 소회를 적은 금오유일기(金烏遊日記), 신유년 4월 11일부터 부산과 통영을 기행한 소회를 적은 관해일기(觀海日記), 을축년 4월 14일부터 지리산을 기행한 방장유일기(方丈遊日記)가 쓰여 있다. 설에서는 온천의 유래와 이점을 기록한 온정설(溫井說)이 주목된다.

한편 부록의 삼세행장(三世行狀)에서는 안효제가 북암, 난암, 단헌공의 행적을 기록하고 있다. 그리고 마지막 부분에는 북암의 낙육재동연록으로 김광섭(金光涉) 등 15명의 명단, 난암의 7시사창주록으로 안덕광 등 7인의 명단, 단헌의 봉재동연록으로 김규찬(金奎粲) 등 22명의 명단, 그리고 고산재급문록으로 이정항(李禎恒) 등 28명의 명단, 선계급자손록(先系及子孫錄)으로 안유(安裕)부터의 세계를 간략하게 수록하고 있어 그가 교류인사와 학맥 등을 살펴볼 수 있다.

**『면암집(勉庵集)』**

안영로(安英老)의 시문집이다. 아들 안전(安銓)과 손자 안석제(安奭濟) 등이 1899년에  편집, 간행했다. 고활자본(후기목활자)이며, 5권 2책으로 되어 있다.

이 책의 구성은 기해년(1899) 장복구(張福樞)의 서문이 있다. 권1에는 시, 사(辭), 권2는 서(書, 서(序)로 되어 있다. 권3은 기(記), 논(論), 통문(通文), 잠(箴), 명(銘) 4편, 찬(贊), 설(說), 발(跋) 등이다. 권4는 부록으로 만(輓), 제문이다. 권5는 부록으로 행장, 묘갈명, 묘지명 등이다. 끝에는 1899년에 쓴 이승희(李承熙)와 안전(安銓)의 발문이 있다.

내용 가운데서는 고오제월(高梧霽月) 등 고산 16경을 자연과 비유하여 노래한 시, 16경의 의미를 서술한 고산재십육경기(高山齋十六景記)가 주목된다. 그리고 눌암(訥庵)의 사당을 건립하기 위해서 진양 사림에게 보내 동참을 촉구한 통문이 있다. 22장의 서찰은 이기(理氣) 등 학문에 관해 토론한 일부 내용을 제외하고는 모두 개인적인 것들이다.

**『백하유고(栢下遺稿)』**

안집(安鏶, 1830~1899)의 저술이다. 필사본으로 3권 1책이다. 책의 구성은 권1은 서(書) 14편, 시는 6수, 기(記) 1편, 설(說)은 2

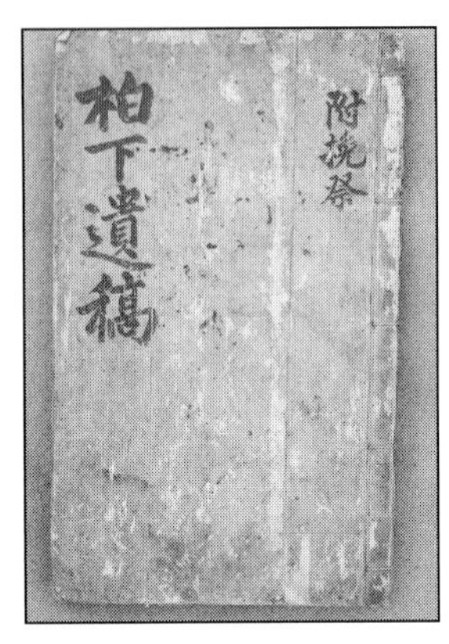


| 백하유고

편, 문(文)은 제문으로 5편, 만사(輓詞)는 3편이다. 권2는 시부로 칠언율시, 칠언절구 등 여러 편이 있다. 권3은 부록인데, 제문과 만사로 되어 있다. 내용 중에서는 송백나무 아래에서의 감흥과 자신의 학업과 수양에 대한 다짐을 적은 백하기가 주목된다.

### 『북암집(北巖集)』

안문석(安文石)의 저술이다. 이 책은 『세방집(世芳集)』의 권1에 포함되어 있다. 책의 구성은 시, 제문, 전(箋)으로 되어 있다. 시 가운데는 고산재에 올라 쓴 것, 안여석을 추모한 것, 삼산도지에 대한 소회를 읊은 것이 주목된다. 제문은 설산 형을 위한 것이며, 전은 경상도 관찰사를 대신하여 지은 것인데, 나라에서 학교를 세우고 학문을 숭상하는 뜻을 기리기 위해 지은 대표적인 서원인 도산과 옥산의 그림을 올리면서 고산재를 생각하고 있다.

### 『삼산원기(三山院記)』

의암(宜庵) 안덕문(安德文)이 1832년경 지은 저술인데, 필사본으로 3책 중 제 2책은 유실되었다. '삼산'은 지리산 · 한라산 · 금강산을 연상하기 쉬운데, 저자는 도덕과 문학을 일으킨 회재 이언적, 퇴계 이황, 남명 조식 등 3인의 대현을 모시는 '옥산(玉山)' · '도산(陶山)' · '덕산(德山)' 등 3산 서원이 있는 곳이 더 중요하고 높다고 생각하였다. 그래서 그는 세 서원을 참배하고 그 행로에 들르는 명승 · 유택들을 돌아보며 적은 기행록과 곳곳에서 그곳의 경관을 읊은 시, 화공에게 부탁해 그린 세 서원 경관도를 합쳐서 3책으로 만들었다. 이 책에 대해서는 많은 선비들이 칭송을 마다하지 않았다. 이를 통해서 그가 우리나라 성리학의 3대 대현에 대한 숭모와 학문적 집념이 강하였음을 알 수 있다.

표제는 삼산록(三山錄)이며, 서문은 퇴계 이황의 학통을 잇고 있던 영남의 주요 인물 입재(立齋) 정종로(鄭宗魯)가 썼고, 발문은 이원조(李源祚)가 썼다.

책의 내용을 구체적으로 살펴보면 제1권은 경상좌도를 유람한 동유일기(東遊日記), 경상우도를 유람한 남유일기(南遊日記), 삼산속유(三山續遊)로 구성되어 있고, 각 부문의 앞에는 저자 서문이 붙어 있다. 아마 유실된 제2권에는 저자가 곳곳을 돌며 읊었던 시들과 삼산원도가 들어 있을 것이다. 책의 말미에는 그동안 여러 차례 청무운동을 폈음에도 불구하고 남명 조식이 문묘 종사되지 못했음을 한탄하는 내용이 있다. 그리고 그가 이 '삼산원기'라는 책자를 통해 남명이 문묘에 종사되지 못하는 점을 안타가워 하였음을 볼 때, 남명을 현창하기 위해 무척 고심하였음을 엿볼 수 있다. 또 이 책은 그가 여행했던 여러 지역의 당시 상황, 그와 각 지역 사림들과의 교유관계를 알 수 있는 중요 자료로 생각된다. 그리고 뒷 부분에 영남 지역 유명 인사들에게 삼산록의 내용을 보여 주고서 받은 서문, 시, 서평을 부록으로 실었다. 그리고 말미에 삼산록 후서(後序) 3편, 삼산도지 발(跋)이 있다.

### 『삼산도지(三山圖誌)』

안덕문(安德文)의 저술이다. 필사본으로 전부 6권 3책으로 되어 있었는데, 제1책(권 1, 2)이 유실되어 4권 2책이 남아 있다. 후대에 와서 앞의 『삼산원기』의 내용 · 편차를 수정 · 정리해서 다시 만든 것이다. 제2책 제3권은 동유일기로 경상좌도, 제4권은 남유일기(『삼산원기』의 삼산속유서의 바로 뒤에 서술된 일부 지역의 기행문이 빠짐)로 경상우도를 기행한 지역, 유적, 만난 인물들을 적어 두었다. 제3

| 삼산도지

책 제5권에는 경관과 인물 등에 대한 소회를 읊은 여러 편의 시가 있고, 제6권에는 회남(檜南) 정업(鄭𨻶)이 쓴 삼산도명, 삼산도에 대해 친구들이 증정한 시로 구성되어 있다. 결락된 제1책에는 아마 삼산원 경관도와 그에 대한 명사들의 감상 기문이 수록되어 있었을 것이다.

## 『산중한기(山中閒記)』

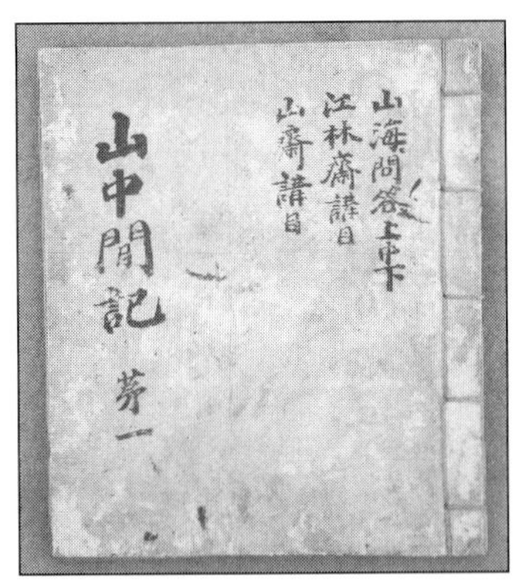


| 산중한기

안익제의 저술인데, 필사본으로 2권 1책이다. 이 책의 구성은 권1에 산해문답(山海問答) 상중하, 권2에 답강림재강목(答江林齋綱目), 답산재강목(答山齋綱目)으로 되어 있다. 내용은 권1의 산해문답에서는 주인과 손님의 문답 형태로 학문과 수행에 대한 질의와 응답을 서술하고 있다. 권2의 답강림재강목과 답산재강목에서는 을해년에 계를 만들고 참여하다 이후 우환으로 참여하지 못하자 강론의 줄거리를 듣고서 자신의 입장을 밝힌 것이다.

## 『서강한설(西崗閒說)』

안익제(安益濟)의 저술인데, 필사본으로 2권 1책이다. 남아 있는 권3, 4는 역론(易論)에 대한 자신의 입장을 상하 편으로 나누어 적은 글이다. 상편은 선천후천본어하도지설(先天後天本於河圖之說)인데, 선천구도(先天構圖)와 후천구도(後天構圖)로 나누어 역론에 대한 그림들을 자세하게 설명하였다. 하편은 역론에 대한 여러 입장을 소개하고, 독역총론(讀易總論)에서 역론에 대한 자신의 입장을 소상하게 밝히고 있다.

### 『서강유고(西崗遺稿)』

안익제(安益濟)의 저술이다. 필사본으로 11권 5책이다. 석판본 2권 1책이 별도로 있는데, 서문은 이기인(李基仁), 발문은 안기문(安淇文)이 썼다. 필사본의 구성은 시(詩), 만(挽), 서(書), 잡저(雜著), 제문(祭文), 상량문(上樑文), 답문(答問), 논(論), 부록으로 구성되어 있다.

내용 가운데 두류록(頭流錄)은 계묘년 8월 지리산을 유람한 기행을 적은 것이다. 재수계서(齋修禊序)에서는 난정(蘭亭) 모임의 의미를 말하고, 미수 허목(許穆)를 기리기 위해서 적은 글임을 밝히고 있다. 그리고 유사에서는 16대 조고(祖考) 안기종 이하 선대의 유래를 소상하게 밝히고 있다. 권9의 문답은 산해문답(山海問答) 상중하로 역경에 대한 내용과 견해를 자세하게 서술하고 있다.

| 서강유고

### 『설산재유고(雪山齋遺稿)』

안여석(安如石)의 저술이다. 필사본으로 1책이다. 책의 구성은 시에 고산서당을 신축하고 감회를 적은 2수를 포함하여 11수, 만장(挽狀)이 19편, 문(文)이 탐진안씨 의춘가 6대의 아름다운 행실을 기리는 사우상량문(祠宇上梁文) 등 2편, 제문이 4편, 만제문(挽祭文), 부록으로 만장, 제문, 행장, 묘갈명, 상언초(上言草), 설산재서(雪山齋序)로 되어 있다. 특히 설산재서(雪山齋序)에서는 설산은 인리(仁里)로 탐진안씨가 복거한 곳으로 선대가 충효로 빛남에 사우와 함께 재를 짓고서 기리게 된 이유를 자세하게 적고 있다.

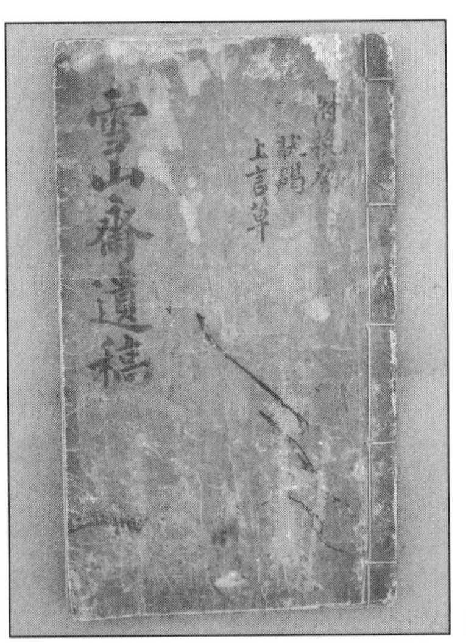


| 설산재유고

### 『송은유고(松隱遺稿)』

안창제(安昌濟)의 저술인데, 3권 1책이다. 서문은 을사년 성순영(成純永)이 지었다. 책의 권1은 시와 소(疏), 권2는 서(書), 제문, 권3은 부록으로 되어 있다. 발문은 1965년 외종손 허섭(許涉)이 썼다.

내용 중에서 시는 중국에서 생활하면서 느끼는 소회를 적은 것들이 주목되며, 술지백운(述志百韻)에서는 개항 이후 국가가 망하는 과정에 대한 소회와 중국에서 생활하면서 항일투쟁의 모습 등에 대한 감정을 읊고 있다. 서는 창강(滄江) 김택영(金澤榮) 등과 주고받은 서신으로 그가 교유한 인사들의 면모를 살펴볼 수 있다. 소는 청나라를 배반하지 말 것을 청한 청불배청국소(請不背淸國疏)와 을사왜변 이후 정세의 혼란과 시국을 걱정하는 유생들의 입장을 적은 동십삼도유생소(同十三道儒生疏)가 있다. 부록 중에서는 안창제가 청나라를 배신하지 말라는 소를 올리려다가 체포된 내용을 간략하게 적은 갑오년 12월의 부황매천야록일조(附黃梅泉野錄一條), 을사년 12월에 13도 유생과 함께 나라를 팔아먹은 간신들을 벨 것을 요구한 상소 가운데 제1조로 여러 적을 베어 왕법을 바로세울 것을 적은 부송연재병준주차일조(附宋淵齋秉璿奏箚一條)가 소개되어 있다.

송은유고

### 『수파문집(守坡文集)』

전8권 3책으로 된 안효제(安孝濟)의 문집이다. 1927년 봄 3월 고산재에서 활인본으로 간행하였다. 허채(許埰)가 서문을 쓰고, 이중

균(李中均)과 안경덕(安炅德)이 발문을 썼다. 이 책은 안효제의 후자 되는 안경덕의 노력으로 상재되었다.

책의 구성은 전 8권으로 되어 있다. 내용을 보면 권1에는 시, 권2에는 소장(疏將), 서(書), 권3에는 잡서, 권4에는 서발(序跋), 제문, 비지갈표(碑誌碣表), 행록, 권5에는 부록(知舊贈答), 권6에는 부록(挽章), 권7에는 부록(제문), 권8에는 부록(家狀, 行狀, 墓碣銘, 墓誌, 傳, 眞像, 贊, 跋) 등이 수록돼 있다.

전체적으로 이 책은 한말에서 일제강점기에 걸친 시기, 특히 근대민족수난기에 있어서의 안효제의 항일 애국적인 활동과 사상을 연구하는 데 기본사료가 될 뿐만 아니라 당시의 일반 역사를 이해하는데 있어서도 귀중한 사료적 가치를 지니고 있다. 세부적으로 그 사료적 가치를 살펴보면 첫째, 권1 시편에는 선생이 읊은 많은 시가 수록돼 있는데, 선생의 애국사상을 살피는 데 좋은 자료가 된다. 대부분의 시가 항일구국의 민족주의(주자학) 사상으로 일관된 일종의 저항시집이다. 권2의 소장 · 서편에는 선생의 상소문과 여러 선비 유자들의 서신이 수록돼 있다. 특히 이 가운데는 고종의 노여움을 산 소장인 무자년(1888년)의 「청물개의제소(請勿改衣制疏)」와 계사년(1893)의 「청참북묘요여소(請斬北廟妖女疏)」는 예리하나 강경한 필치로 올린 유명한 소장으로 선생은 결국 추자도로 유배되었다. 이를 통하여 우리는 강직 · 첨대한 선생의 성품을 무엇보다도 잘 알 수 있다. 서신 편은 당시 명사 · 문인 · 가족들에서 한 서신으로 이 또한 선생의 사상을 연구하는데 귀중한 사료가 된다.

권3 잡저편은 선생이 겪은 중요 사건의 자필일기로 선생의 생애를 살피는데 있어서나 당시의 역사를 살피는데 있어서 귀중한 자료이다. 그 가운데 「추자도일기」는 북묘요녀(眞靈君)를 목베라는 「청참북묘요여소」를 올린 계사년(1893) 7월 초6일부터 고종의 노여움을 사 추자도로 유배되어 갑오년(1895) 11월 6일 방면되어 돌아올 때까지의 일기로 그때의 일반 사정과 선생의 생활을 이해하는데 기본적 사료가 된다.

「곡강일기」는 갑오년(1894) 12월 15일 흥해군수로 부임한 후로부터 다음 해(1895) 5월 초1일 흥해군수를 사임하고 향제(鄕第)로 돌아올 때까지의 일기이다. 선생은 군수로 부임한 후 800여 호의 기민을 구제하기 위해 온갖 노력을 다하였다. 이 일기는 갑오년 전후의 흥해군을 비롯한 연해 여러 군의 민정을 살피는데 귀중한 사료가 되고, 또 일을 처리함에 있어서 선생이 민중의 편에 서서 얼마나 강직 공정하였는가를 잘 알려주는 기록이다. 「아관일기(俄館日記)」는 을미사변(1895년) 후인 10월로부터 11월에 걸쳐 김홍집 친일내각으로부터 발해진 단발령을 저지하기 위해 이용원(李容元), 장지영(張志淵)과 같이 영국공사관으로 웨베르를 찾아가 활약한 일기이다.

「창간일기(昌犴日記)」는 선생의 창녕경찰서의 옥중일기이다. 1910년 7월 26일 일제가 조선을 무력으로 강점한 후 조선의 지배층을 회유하기 위해 소위 은사금을 내리고 선생에게도 이 돈을 전달해 오게 되자 선생은 이를 거부하였다. 이에 따라 선생에 대한 일본 경찰의 박해는 날이 갈수록 심해갔다. 이리하여 선생은 드디어 창녕경찰서에 수감되어 말할 수 없는 고초를 겪게 되었다. 이 일기는 제목 그대로 이때의 옥중일기이다. 우리는 이 일기를 통하여 선생의 불굴의 항일정신을 그대로 엿볼 수 있다.

「요하일기」는 일본 경찰의 박해에 견디지 못하여 1911년 11월 7일 선생은 고국을 떠나 만주로의 망명의 길에 올랐는데, 그 후 갖은 풍상을 무릅쓰고 류하현(柳河縣), 임강현(臨江縣) 등을 거쳐 이듬해 9월 안동현 접리촌(接梨村)에 정착할 때까지의 일기이다. 이때 애국지사들은 독립기지를 건설하기 위해 이곳 요서 방면으로 많이 모여들었다. 이 일기는 이러한 때의 이곳 사정을 이해하는 데도 도움을 주는 기록이다.

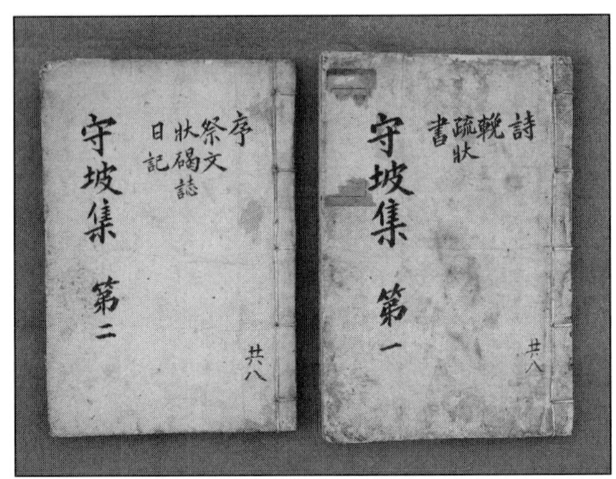

| 수파집

권4에는 선생이 써 남긴 서제(序祭), 제문, 비지갈표(碑誌碣表), 행록 등을 모은 것이다. 권5에는 선생이 지구(知舊)·명사들에게 보낸 증유문(贈遺文)인데, 이를 통하여 당시 선생이 폭넓게 지구·명사들과 사귄 것을 잘 알 수 있다. 그 가운데는 장지연, 이건창(李健昌) 등 개화인사로부터 전통학자인 최익현(崔益鉉)에 이르기까지 많은 사람이 나온다.

권6은 부록으로 선생의 순절을 전해 듣고 곽종석(郭鍾錫)을 비롯한 118명으로부터 보내 온 만장(挽章)이 실려 있다. 권7 부록에는 선생의 족제(族弟) 되는 안희제를 비롯한 60여 명의 지구(知舊)들의 제문이 실려 있다. 권8에는 부록으로 가장(家狀), 행장, 묘갈명, 묘지명, 묘지, 전(傳), 진상찬(眞像贊), 발문 등을 수록한 것으로 선생의 가문과 행적을 살피는데 기본 사료가 된다. 특히 전은 김택영(金澤榮)이 쓴 글이다.

### 『심암만록(心菴漫錄)』

안휴로(安休老)의 저술이다. 표제에 제1과 4로 되어 있는 부분이 남아 있다. 이 책은 안쪽에 춘오만초(春塢湧艸)라고 되어 있으며,

필사본으로 2책이다. 제1이라는 책에는 주로 서(書), 기(記), 시(詩), 만(挽)으로 되어 있고, 제4라는 책에도 서(書)와 기(記)가 주인데, 성재 허전 등과 주고받은 서신이 있다. 또 지헌공(止軒公)과 설산재에 올린 글이 있다. 내용 가운데 주목되는 부분은 유거십오경(幽居十五景)을 노래한 부분, 박진나루 남쪽에 있는 낙동강변의 성터를 곽재우가 방어하였던 곳이었음을 언급한 박진선유기(泊津船遊記), 지헌공의 일을 기록한 지헌공상언(止軒公上言), 설산재의 유래와 의미를 기록한 설산재상언(雪山齋上言) 부분이다.

**『연파집(淵坡集)』**

안방로(安邦老)의 문집이다. 책은 4권으로 되어 있는데, 권1은 시, 권2는 서(書)와 서(序), 권3은 기(記), 발(跋), 서후(書後), 상량문, 권4는 축문, 제문, 묘갈명, 행장, 유사, 부록으로 되어 있다.

내용 가운데서 시는 대부분 경상좌도와 우도 지역을 기행하면서 유적지를 읊은 것들이다. 서는 교류인사들과 주고받은 글들이다. 서(序) 가운데에는 영조 임술년(1742) 참의공파, 충순공파, 도사공파가 함께 조상을 받들고 선을 권하고 과실을 징험하기 위해서 안씨 문중이 종안을 만들어 후세에 전하고자 한다는 것을 밝힌 종안서(宗案序)가 있다. 또 입산촌의 좌측에 조상을 받들고 족속을 모으기 위해서 집을 짓고 상로재라 하였는데, 이곳에는 안윤옥(安潤屋), 안인(安仁), 안기종(安起宗) 세 사람의 위패를 모시고 그들에 대한 제사를 지냈다. 그 건물 북쪽 건물은 암암헌(巖巖軒)이라 하고, 남쪽 건물은 혼혼미(混混楣)라 하였으니, 그 의미는 앞서간 사람이 장수한 집이며, 후인이 귀의의 처소로 삼고자 하였음을 기록한 상로재중수서(霜露齋重修序)가 주목된다.

또 기에서는 고산재의 전경과 의미를 적은 고산재팔경기(高山齋八景記), 상량문에서는 선조 안기종이 임진왜란 때 세운 공을 기려서 세우는 기강보덕비각중수상량문(岐江報德碑閣重修上樑文), 선대를 기리기 위해 종택의 낡은 사당을 보수하면서 기록한 종가사당중수상량문(宗家祠堂重修上樑文), 축문에서는 안기종의 유허비각을 세우면서 쓴 선조지헌공유허비각개기축문(先祖止獻公有墟碑閣開基祝文)이 주목된다.

**『의암집(宜庵集)』**

안덕문(安德文)의 시문집으로 1912년에 간행되었다. 목판본으로 8권 4책이 있다. 책의 구성은 서문은 통정대부 김도화(金道和)가 썼으며, 권1과 권2는 시(詩)와 만(挽), 권3은 서(書), 권4는 잡저로 사창사의(社倉私議), 고산서당수호절목(高山書堂守護節目) 등이며, 서(序)는 삼산도지(三山圖誌) 등이다. 권5는 기(記)로 흥학당창건(興學堂?建), 고산재중수(高山齋重修) 등이며, 발(跋)은 산해록발(山海錄跋) 등, 기타로 제문 등이다. 권6은 부록 1로 삼산도명(三山圖銘) 등, 권7은 부록 2로 제증서발(題贈序跋), 권8은 부록 3으로 행장 등이 수록되어 있다. 발문은 옥산(玉山) 장승택(張升澤), 성산(星山) 이기향(李基馨)이 썼다.

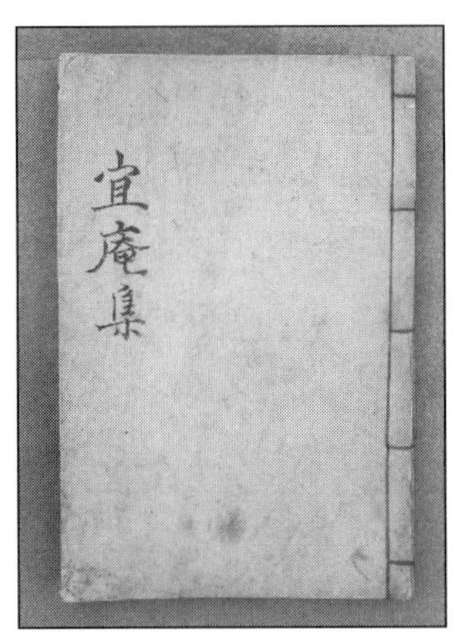

| 의암집

내용에서 주목되는 부분은 서(書)의 경우 여학재성장(與鶴齋成丈) 등을 통해서는 그의 폭넓은 교유 관계를 알 수 있다. 잡저로 사창제의 운영과 문제점을 지적한 사창사의(社倉私議)가 있고, 고산서당수호절목(高山書堂守護節目)에서는 서당 근처를 사람들이 마음대로 통행하고, 나무를 베어 내고 해서 서당의 모습이 파괴됨에 이를 지키고자 수호의 물자를 마련하여 관리하고, 나무를 베어 개인적으로 이용하는 자와 토지의 수세와 지출을 마음대로 하지 못

하도록 규정하고 있다. 기(記) 부분의 흥학당창건기(興學堂?建記), 대성전중수기(大成殿重修記), 덕곡서원중수기(德谷書院重修記)는 그가 성리학의 진흥과 교육에 노력한 점을 보여준다. 특히 흥학당창건기에서는 1797년 의령 지역의 교육을 위해 사림들과 협력하여 비용을 마련하여 흥학당 건립을 주도한 내용을 서술하고 있다. 고산재중수기에서는 고산서당의 편액은 경상도 관찰사 이병모(李秉模)가 썼는데, 안씨 문중의 독서재였음을 밝히고 있다. 그런데 노후화되자 갑자년에 보수하였음을 밝히고 있다. 삼산도명에서는 옥산, 도선, 덕산도를 구체적으로 언급하고 있다.



### 『지헌실기(止軒實記)』

1917년 안방로(安邦老)와 안익상(安翊相)이 편찬하였는데, 지금 전하고 있는 것은 용사(龍蛇) 후 334년 을축년(1925) 안익상(安翊常)이 발행한 것이다.

이 책의 전체 구성은 크게 서(序), 세보, 연보, 실적, 발(跋)의 다섯 부분으로 되어 있다. 서문은 1917년에 통정대부 인천 장석신(通政大夫 前承政院同副承旨 兼 經筵參贊官 春秋館修撰官 仁川 張錫藎)이 썼다. 그는 임진왜란 때 의령의 기강전투에서 안기종이 세운 전공이 제대로 알려지지 못하고 기록이 소실된 안타까움을 바로잡고자, 후손 안방로가 모아온 안기종(安起宗)의 자료를 토대로하여 안기종이 임진왜란을 당하여 싸웠던 충절을 후대에 전하기 위한 후손들의 노력에 응하여서 서문을 쓰게 되었다.

세보에는 탐진안씨 1세 안원린(安元璘)으로부터 8세 안기종, 11세 안세태(安世泰)에 이르는 가보를 비교적 상세하게 기록하고 있다. 연보에는 가정(嘉靖) 35년(1556)에서 숭정(崇禎) 6년(1633, 인조 7)까지 안기종의 활동이 상세하게 기록되어 있다. 특히 임진왜란 시기의 활동과 전쟁중 학봉 김성일(金誠一)과 송암 김면(金沔)의

죽음, 정유년 대소헌 조종도(趙宗道)의 죽음, 전후 곽재우(郭再祐)의 생활상, 동계 정온(鄭蘊)의 유배 등에 대한 기록이 정리되어 있다. 그리고 후반부에는 묘갈명, 행장, 배향, 증직의 과정이 간략하게 정리되어 있다. 이 전체를 정사실기(丁巳實記)라고 하였다.

실적(實績)은 『지헌실기』에서 가장 핵심적인 부분이며, 중요한 내용이 수록되어 있는 부분이다. 이 부분은 내용상으로 크게 세 부분으로 나눌 수 있다. 먼저 안기종의 임진왜란 관련 활동을 기록한 자료들을 정리한 부분이 있다. 즉 원종공신록(原從功臣錄), 기산승첩비(岐山勝捷碑), 망우곽선생창의록(忘憂郭先生倡義錄) 등에 나타나 있는 안기종 관련 기록들을 전부 모아 놓았다. 다음은 리약입의(里約立議) 부분인데, 1629년 10월 15일의 리약을 규정하게 된 내력과 10조의 입규를 기록하고 있다. 마지막으로 안기종의 추종과 연관된 글들이 모아져 있다. 직장(直長) 김규응(金奎應) 등이 올린 청시상언(請諡上言), 성재 허전(許傳)이 찬한 조양재기(朝陽齋記), 생원 안찬(安鑽)이 찬한 충효사상량문(忠孝祠上樑文), 회당 장석영(張錫英)이 찬한 기강보덕비각중수기(岐江報德碑閣重修記), 8대손 안방로(安邦老)가 쓴 유사(遺事)와 유허비각개기제문(遺墟碑閣開基祭文), 8대손 안석로(安碩邦)가 쓴 입비시고유문(立碑時告由文), 10대손 안효제(安孝濟)가 쓴 유허비각상량문(遺墟碑閣上樑文) 등 15편의 글이 기재되어 있다. 발문은 원래 농산(農山) 장승택(張升澤)이 8대손 안방로의 요청으로 지었는데, 책의 편찬에 즈음하여 1917년에 8대손 안방로와 안익상(安翊常)이 쓴 것도 있다.

『지헌실기』에서 주목되는 부분은 의병활동 부분이다. 안기종은 임진왜란이 발생하자 먼저 곽재우를 용연정에서 만나고 난 후 선비들에게 의병 창의를 알리고, 이어서 가동과 사저를 곽재우의 진영에 보내었다. 이후 그의 복병장으로서 활약하게 되었다. 먼저 안기종은 정호(鼎湖)에서 적을 방어하였고, 이어서 유곡을 지켰다. 이때 곽재우 휘하의 장수들은 지역을 나누어서 효율적인 방어를 하였다.

곽재우는 세간, 윤탁은 용연, 심대승은 장현, 심기일은 정호, 이운장은 낙서, 권란은 옥천, 오운은 백암을 지켰다. 이곳은 일본군이 낙동강을 건너기 위해서는 거쳐야 하는 의령 지역의 요충이었다. 그 가운데서도 유곡은 기산의 요해처로서 중요한 지점이었는데, 이곳에서 대승을 거두었다. 구체적인 전과는 적을 참수한 것이 60여 급이나 되었다. 그래서 이를 기산승첩(岐山勝捷)이라고 불렀다.

한편 『지헌실기』에서 주목되는 점은 시기를 불문하고, 여러 자료에 나타나 있는 안기종의 임진왜란 관련 기록들을 모아 둔 부분이다. 비록 단편적인 기록들이지만, 안기종의 임진왜란 시기의 활약상을 확인하고 고증할 수 있는 좋은 자료들이다. 대표적으로 안기종은 원종공신 2등에 올랐던 인물이었음을 알 수 있다. 아울러 임진왜란의 구체적인 전황을 복원할 수 있다는 점이다. 특히 기강전투 당시의 구체적인 각 방어 지역의 분담 상황, 실제적으로 전투에서 전공을 수립한 자가 안기종이었다고 볼 수 있다. 이 점에서 이 자료는 기강전투의 구체적인 전투 상황에 대해 복원을 할 수 있도록 해 주는 소중한 자료이다.

또 동규(洞規)를 제정하고 시행한 부분이다. 숭정 2년(1629)에 금란계(金蘭契)를 괴당(槐堂) 이만승(李曼勝) 등과 수정하여 동약의 입규를 정하였다. 이것은 전란으로 흐트러진 향촌사회를 바로잡아 환난을 극복하기 위해서였다. 이에 동안의 명단을 다시 수록하고, 동규를 다시 제정하였다. 이것은 전체 10조목으로 되어 있어 소략한 편이다. 그 내용은 대부분 향촌사회의 기강을 바로잡고 어려움에 직면하여 상부상조하기 위한 것이었다. 이러한 동규의 규정은 임진왜란 이후 향촌사회의 질서를 안정시키기 위한 재지사족들의 지배책이 어떻게 수습되는지를 구체적으로 보여 주는 지역 사례로서 의미가 있다.

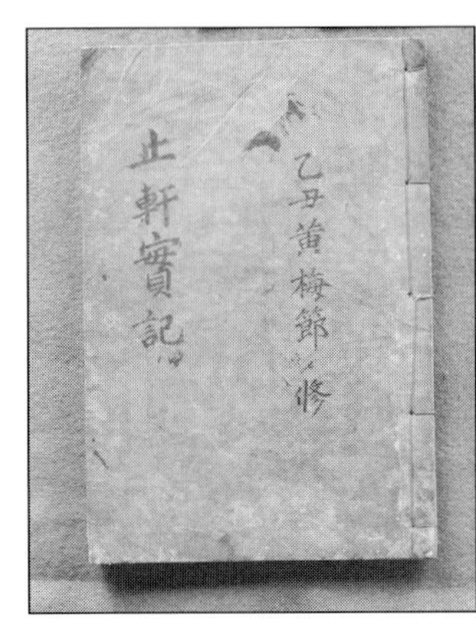


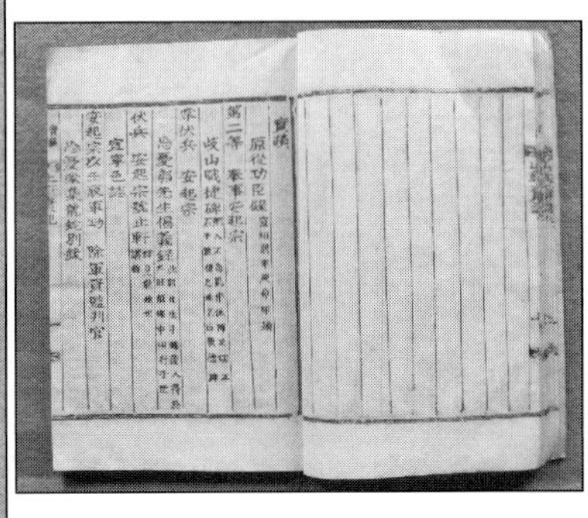

| 지헌실기와 그의 공적 부분

#### 『치사집(癡史集)』

안찬(安鑽)의 시문집으로 목활자본이며 4권 2책이다. 그의 아들 안영제의 편집과 주선으로 1899년에 간행되었다. 책의 구성은 책머리에 1894년 장복구(張福樞)의 서문이 있다. 권1에는 시 120여 수로 오언 · 칠언의 구별 없이 나열돼 있고, 만(輓)이 40수이다. 권2는 서(書)로 26편, 권3은 서(書)로 43편이다. 권4는 서(書) · 서(序) · 일기(日記) · 기(記) 등이다. 일기는 남유일기(南遊日記)이다. 권5의 발(跋)은 고산재강록발(高山齋講錄跋), 입춘설안발(立春楔案跋) 등 4편, 후서(後敍) 2편이다. 설(說)에는 사창제의 연혁과 그 폐를 논한 사창설(社倉說), 인군의 심득(心得) 사항이 치란(治亂)의 득실과 밀접한 관계가 있음을 논한 심군설(心君說), 인생의 정명론(定命論)을 반대한 정명설 등이다. 잡저로 풍수에 관한 논설인 지리변(地理辨), 강재(江齋)의 독서에 관한 절목 도합 7

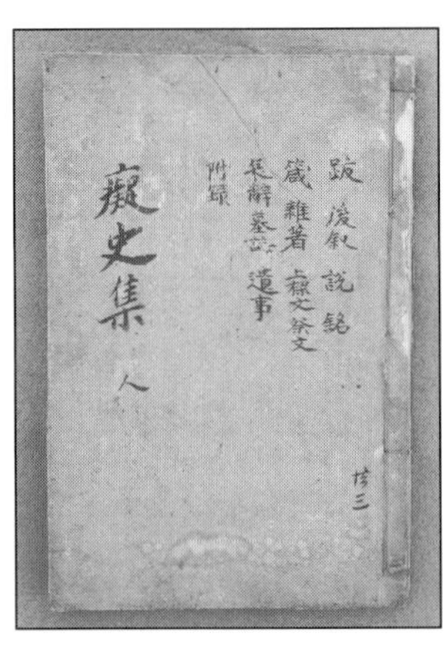


| 치사집

조를 적은 강재절목(江齋節目), 7월 하순에 매화가 핀데 대한 감상문인 지리(志異) 등이 있다. 권6은 상량문 등 2편, 제문(祭文) 20편, 애사(哀辭) 등 4편, 묘지(墓誌) 2편, 유사(遺事) 2편이다. 끝에 작자의 아들 안영제 및 종질 안익제 그리고 우인 장석영(張錫英)의 발문이 있고, 이종기(李種杞)가 지은 행장 및 김용익(金容益)이 지은 묘갈문 등이 있다. 발(跋)은 기해년에 장석영(張錫英), 안영제(安益濟)가 각각 썼다.

내용 가운데 「남유일기」는 작자가 통영 근해를 유력한 이야기를 적은 것인데, 특히 연화욕지도(蓮花浴池島)에 있는 사슴에 관한 이야기와 근해의 경계를 묘사한 부분은 재미있는 부분이다. 또 고산재강록발(高山齋講錄跋)에서는 척화(斥和)의 분위기를 고조시키기 위해 각 고을에서 강회를 개최토록 할 때 경상도 관찰사 이순선(李旬宣)이 장려하자, 안휴로가 동네의 자제들을 모아 매월 강회를 열고, 이 내용을 고산강록(高山講錄)이라는 책으로 편찬하였음을 밝히고 있다. 강재절목(江齋節目)에서는 거처함에는 공경하여 오만하지 말고, 일찍 일어나 청소하며 의관을 입고 책상에 앉아 책을 보고, 책을 보면 뜻을 음미하며, 벗이 오면 책을 펴고 토론하며, 밤에는 문을 닫고 앉아 외우고 생각하며, 날이 맑으면 등산하고 물가에 가서 기상을 키우고, 음식은 소찬을 싫어하지 말 것 등을 규정하고 있다. 한편 사칠이기변(四七理氣辨), 태극음양동변(太極陰陽動辨) 등은 그의 글 가운데에서도 가장 심혈을 기울인 작품으로 알려져 있는데, 그는 성리학의 근본원리에 대해 많은 생각을 구체적으로 서술하였다.

## 2. 설뫼문고

2003년 3월 25일에 부림면 입산마을 안씨 종가에서 부산대학교

도서관에 기증한 도서이다. 이 문고는 한국전쟁으로 불타고 남은 안씨문중의 152종의 책, 1,316종의 간찰, 119종의 고문서로 구성되어 있다. 책은 주로 조선 중후기부터 현대까지 발간되어 안씨 문중(고산재 등)에 보관되고 있던 문집류와 경사류로 이루어져 있다. 간찰은 안씨 문중의 주요 인사들이 1600년부터 1894년까지 인근 지역의 문인, 동료, 친지 등에게 발급한 것이다. 고문서는 대부분 생활 관련 문건들이다. 이를 대략 제시하면 다음 표와 같다.

| 순번 | 문서명 | 점수 |
|---|---|---|
| 1 | 所志類 1; 辛卯年(1771)에 守護禁養에 관한 山訟 등 | 6 |
| 2 | 所志類 2; 戊午年(1798) 安德文 등이 旌忠奬義를 위해 郭再祐의 祠宇를 건립해 달라고 城主에게 올린 글 | 1 |
| 3 | 所志類 3; 甲戌年(1874)에 偸葬掘去로 올린 山訟 | 1 |
| 4 | 所志類 4; 기타 | 4 |
| 5 | 戶口單子; 富山里 雪山村 安錫* | 1 |
| 6 | 立案; 康熙 43년(1704) 三嘉官立案 등 | 22 |
| 7 | 手標; 辛酉年 作廳에서 내린 復戶引減 등 | 3 |
| 8 | 分財記 1; 安宅妻李氏(1595~1664) 衿給文記 | 1 |
| 9 | 分財記 2; 康熙 2년(1681) 安世泰 5남매 和會文記 | 1 |
| 10 | 分財記 3; 1681년 安世泰 5남매 和會文記 | 1 |
| 11 | 分財記 4; 1784년 安如石 衿給文記 | 1 |
| 12 | 土地文記; 康熙 41년(1702)~隆熙 3년(1909) | 40 |
| 13 | 通文 | 1 |
| 14 | 婚書 1; 丁卯年(1787) 安德明이 安宗洙를 高敞吳氏家로 장가보낼 때의 납폐*<br>婚書 2; 壬申年(1872) 安鑽이 安英濟를 驪州李氏家로 장가보낼 때의 납폐 | 2 |
| 15 | 壬午年 婚姻時의 物目 | 1 |
| 16 | 甲寅年 婚姻時의 四星 | 1 |
| 17 | 乙丑 十月 初四日 秋收記 | 1 |
| 18 | 水舂稅; 정묘년 수세 | 4 |
| 19 | 家狀; 安英濟가 子 安翊相에게 보낸 書 | 1 |
| 20 | 墓碣銘 1과 2; 安莘老와 安英濟가 지은 묘갈명<br>墓碣銘 3; 金益容이 지은 安贊 묘갈명 | 3 |

| 21 | 書册目錄 | 1 |
|---|---|---|
| 22 | 詩文類 등 | 4 |
| 23 | 試券 1; 安處圭<br>試券 2; 安莘老(순조 丁亥, 1827년 增廣生員試)<br>試券 3; 安哲相 등 | 7 |
| 24 | 書畵 등 | 6 |
| 25 | 土地文券; 隆熙 2년(1908) 토지문건 | 1 |
| 26 | 證書; 明治 44년(1911)의 증명서 | 1 |
| 27 | 證明書; 隆熙 2년(1908) 낙서면 신기동* | 1 |
| 28 | 契約書 1; 己酉年(1909) 등 | 2 |
| 계 | 證書; 明治 44년(1911)의 증명서 | 119 |

이 밖에 입산마을에는 여러 집에 나름대로 고문서와 전적들이 보관되어 있다. 먼저 안명달 씨 집안에는 『면암집』 등 고서 27점, 소지(所志) 등 고문서 10여 점이 보관되어 있다. 다음으로 안찬달 씨 집안에는 송은정계안 등 고문서 10여 점, 『수파집』 등 고서 45점이 보관되다 최근 한국학중앙연구원에 위탁하였다. 마지막으로 안경륜 씨 집안에는 이의정계안과 『생육신선생집』 등 고도서 여러 점이 보관되어 있다.

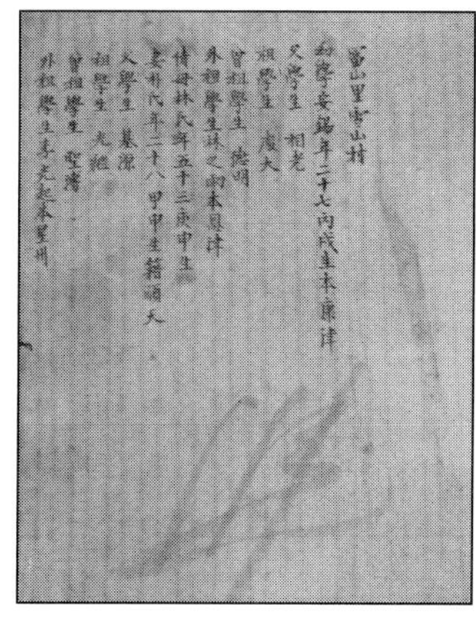

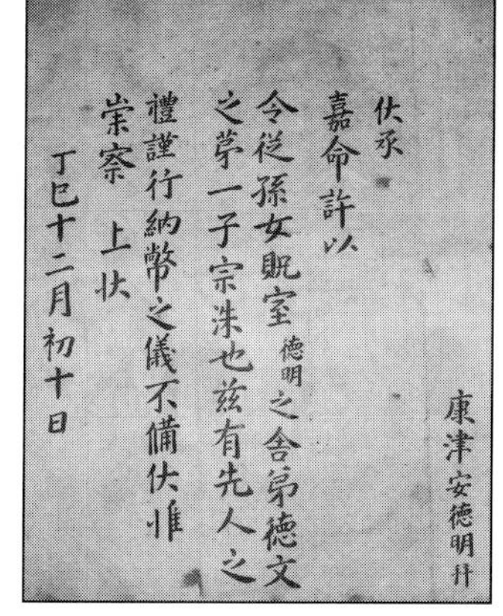

伏承
嘉命許以
令從孫女旣室德明之舍弟德文
之第一子宗洙也玆有先人之
禮謹行納幣之儀不備伏惟
崇察 上狀
丁巳十二月初十日
康津安德明 升

| 호구단자, 혼서

# 참고문헌

『탐진안씨세보(耽津安氏世譜)』

안기종(安起宗: 1556~?), 『지헌실기(止軒實記)』

안여석(安如石: 1717~1787), 『설산재유고(雪山齋遺稿)』

안덕문(安德文: 1747~1811), 『의암집(宜庵集)』

안덕문(安德文: 1747~1811), 『삼산록(三山錄)』

안휴로(安休老: 1809~1881), 『심암만록(心菴漫錄)』

안익제(安益濟: 1850~1909), 『서강유고(西崗遺稿)』

안효제(安孝濟: 1850~1916), 『수파집(守坡集)』

안방로(安邦老: 1852~1938), 『연파집(淵坡集)』

안창제(安昌濟: 1866~1931), 『송은유고(松隱遺稿)』

안익제(安益濟: 1850~1909), 『남선록(南選錄)』

『고산한사(高山閒史)』 등

이로(李魯: 1544~1598), 『용사일기(龍蛇日記)』

『동안(洞案, 金蘭契)』 12책

『의령향안(宜寧鄕案)』

『경상도읍지(慶尙道邑誌)』

『의춘지(宜春誌)』

『의령군지』, (의령군지편찬위원회, 1983)

『조선환여승람』, (의령문화원, 1998)

『의령군지(宜寧郡誌)』, (의령군지편찬위원회, 2003)

『동아일보(東亞日報)』

『조선일보(朝鮮日報)』

『경남일보(慶南日報)』

『의령제지조합규약(宜寧製紙組合規約)』, (1941년)

조선총독부(朝鮮總督府), 『조선(朝鮮)의 성(姓)』, (1934)

『교남지(嶠南誌)』

『내고장 전통』, (의령군, 1985)

『한국구비문학대계』8, (한국정신문화연구원, 1984)

『한국전쟁의 기원』, (부르스 커밍스, 일월서각, 1986)
『이수병 평전』, (민족문제연구소, 2005)
『북한대남공작사』, (중앙정보부, 1972)
『남북을 오간 사람들』, (유영구, 도서출판 글, 1993)
『격동기 지식인의 세가지 삶의 모습』, (한국정신문화연구원 현대사 연구소, 1999)
『안호상 회고록』, (민족문화출판사, 1996)

## 증언

안평제(2007년 7월 28일, 부산 동아대)
안상묵(2007년 8월 7일, 동래구 연산동 자택)
안병도(2007년 7월 19일, 부산 온천장 서예원)
안경하(2007년 8월 8일 백산기념관)
안경란(2007년 10월 27일, 입산 백산식품)
안찬달(2007년 7월 14일 입산마을)
안명달(2007년 7월 14일 입산마을)
안상호(2007년 7월 14일 신반복지회관)
조외암(2007년 12월 26일 입산마을)
오말희(2007년 12월 26일 입산마을)
성분희(2007년 12월 26일 입산마을)